이매진 시시각각 05

# 무상교통

# 무상교통

김상철 지음

이매진

이매진 시시각각 05
# 무상교통

**지은이** 김상철 **펴낸곳** 이매진 **펴낸이** 정철수
**편집** 김성현 최예원 **마케팅** 김둘미
**처음 찍은 날** 2014년 5월 26일 **등록** 2003년 5월 14일 제313-2003-0183호
**주소** 서울시 마포구 성지5길 17, 301호(합정동) **전화** 02-3141-1917 **팩스** 02-3141-0917
**이메일** imaginepub@naver.com **블로그** blog.naver.com/imaginepub
**ISBN** 979-11-5531-049-6 (03300)

**일러두기**
– 한글 전용을 원칙으로 했고, 독자의 이해를 도우려고 인명, 지명, 단체명, 정기 간행물 등 익숙하지 않은 이름은 처음
  나올 때 원어를 함께 썼습니다. 주요 개념이나 한글만으로는 뜻을 짐작하기 힘든 용어도 한자나 원어를 함께 썼습니다.
– 단행본, 정기간행물, 신문에는 겹꺾쇠(《 》)를, 논문, 영화, 방송 프로그램, 연극, 노래, 그림, 오페라 등에는 홑꺾쇠(〈 〉)를
  썼습니다.

이 도서의 국립중앙도서관 출판시도서목록(CIP)은 서지정보유통지원시스템 홈페이지(http://seoji.nl.go.kr)와 국가자료
공동목록시스템(http://www.nl.go.kr/kolisnet)에서 이용하실 수 있습니다.(CIP제어번호: CIP2014016019)

솔직히 대중교통에 관련된 의제가 이렇게 선거 공간에서 중대 이슈
로 떠오를 줄 몰랐다. 작년 여름이 지나가는 시점에서 올해 지방선거
와 관련된 핵심 의제를 토론하면서 '무상교통'을 제안했을 때도, 그
리고 그 정책의 기초적인 얼개를 가지고 지역의 당원들을 만나 토론
할 때도 '무상교통'은 노동당이어서 해볼 만하고 어느 정도는 노동당
이니까 할 수 있는 정책 의제로 받아들여졌다. 그것도 그럴 것이 서구
의 관점에서 보면 1960년대 이후 등장한 신좌파의 주요 요구 사항 중
하나로, 또는 도시 정치의 한 사례로 켄 리빙스턴의 런던 사례에서 등
장한 대중교통 의제는 오랫동안 좌파 활동가들의 상상력만 자극했을
뿐이라는 진단이 있었기 때문이다. 그렇다. '무상교통'은 어떤 개인의
구상이 아니라 내가 속해 있던 집단이 함께 꿈꿔온 사회의 한 편린이
었다. 누구나 자유롭게 이동할 수 있어야 하고, 공간을 배타적으로 점
유하는 자가용에 맞서 도시를 모든 사람의 것으로 만들며, 무엇보다
우리의 지구가 더는 자가용 중심의 대규모 토건 중심의 발전주의를
버텨낼 수 없기 때문에 꿈꿔야 하는 미래였다.
    그러나 이런 꿈이 구체적인 현실을 만나 갈등을 빚는 경험이 없었

다면 지금같이 시름하게 숙성되지 못했을 것이다. 2004년부터 당직을 맡게 되면서 내가 구상하는 정책은 언제나 현재의 조건을 가장 급진적으로 바꾸는 데 초점을 두고 있었다. 구체적인 근거들이 필요했지만 주변의 누구도 이 구체성에 대한 요구에 답을 주지 못했다. 우리 자신이 전문가가 되는 길밖에는 없었다. 실제로 이명박 전 시장이 도입한 버스 준공영제에 관해 가장 많이 의견을 쏟아낸 곳은 민주노동당 서울시당이었다. 그리고 단 한 명의 서울시의원인 심재옥 의원이 앞장섰다. 또한 2006년부터 전국민주노동조합 총연맹 민주노총, 서울본부를 중심으로 '서울지역 사회공공성연대회의'라는, 사회 공공성을 의제로 하는 모임이 만들어졌다. 그리고 매년 서울시정 평가 토론회를 개최했다. 여기서 문화 정책과 주택 정책, 그리고 교통 정책을 다뤘다. 덕분에 서울지하철공사와 도시철도공사, 철도공사에서 활동하는 노조 활동가를 만나서 대중교통의 다양한 이슈들을 좀더 구체적으로 살펴볼 수 있었다.

서울시에서 최초로 도입한 민자 도시 철도인 지하철 9호선의 경우에는 미리 대응 모임을 구성해 시범 운행에도 참여했다. 몇 차례에 걸친 토론회를 연 것은 물론이고 지속적으로 모니터링을 진행했다. 특히 최소 운임 수입 보장MRG이라는 조건이 붙은 지하철 9호선은 언제든 문제를 일으킬 수 있는 상황이었고 덕분에 2012년 초 민간 사업자가 기습적으로 요금 인상 계획을 발표했을 때 발빠르게 대응할 수 있었다. 이렇게 진행된 지하철 9호선 관련 정책 사업은 2013년 서울시가 '도시철도기본계획'을 수정하고 경전철을 확대하는 정책을 내놓은 뒤 시작된 공동 대응으로 이어졌다. 사실상 민자 사업 확대 정책으로 볼 수 있는 경전철 계획에 맞서 지하철 9호선 사례는 좋은 반면교사가 됐고, 환승 요금제에 따른 요금 차액 지원 등 민자 사업 추진에 따른 여러 문제점을 파악하는 데 도움이 됐다.

대중교통 정책은 기본적으로 대중교통의 주류화 정책으로 추진돼야 했지만 수송 분담률 측면에서 보면 여전히 답보 상태를 벗어나지 못하고 있는 형편이다. 특히 지역으로 갈수록 불편한 대중교통 체계 때문에 적지 않은 나이에도 운전면허를 취득하고 자가용을 운행하는 현상이 나타났다. 자가용 중심의 교통 정책은 '탈토건'을 바라는 폭넓은 요구 속에서도 전국 곳곳에서 도로 건설로 대표되는 토건 사업들이 오랫동안 이어지는 환경 요인이 됐다.

노동당이 무상교통을 들고 나오는 것은 어떻게 보면 매우 자연스러운 귀결인 셈이다. 이미 2010년 서울시장 선거 때 사기업으로 출범한 교통카드사인 한국스마트카드를 공영화하면 주주 배당 등 이윤 부분만으로도 정기 이용자를 대상으로 반값 정액권을 도입할 수 있다고 제안한 뒤라 대중교통 공약이 당의 가장 중요한 공약으로 제시돼도 어색하지 않은 상황이었다. 오랫동안 정책 연구를 하며 쌓아온 버스 준공영제에 관한 관점에 2013년 서울시 관악구 한남운수에서 벌어진 부당 해고와 보조금 전용의혹을 둘러싼 일련의 사태 등이 더해지면서, 현행 준공영제 체제에서는 공익성을 전제로 하는 버스 정책이 구조적으로 아예 불가능하다고 판단했다. 사기업에 막대한 보조금을 주면서 유지되는 요금 구조는 겉으로 보면 이용자인 시민들의 편익을 높이는 것 같지만, 사실상 오랜 기간 동안 존속된 버스 기업들의 이익을 보전해주는 장치에 불과했다. 이런 공공성은 사실상 사익의 지속성을 보장해주는 장치일 뿐이었다. 그러다 보니 보조금을 줄이기 위해 장사가 되지 않는 노선을 없애는 데 사업자가 아니라 서울시가 나서는 일이 벌어지기도 했다.

무상교통은 '그냥 한 번 해보지, 뭐' 하면서 툭 튀어나온 제안이 아니다. 현재 대중교통 체계를 좌지우지하고 있는 사기업화의 흐름을 가장 분명하게 막을 수 있는 방안으로, 그리고 자가용 중심의 교통에서 벗어나 사람 중심의 교통으로 전환하는 가장 효과적인 방안으로 고민하고 토론한 결과 나온 제안이다.

이 책에 실린 글들은 다른 책들에 견주면 분명 함량 미달이다. 그런데 출판사의 제안에 조급하게 고개를 끄덕인 이유는 무상교통이라는 의제가 찰나의 무엇으로 사라져서는 안 된다는 절박함이었다. 각각의 글들에는 모두 글을 쓸 때의 상황이 지문처럼 박혀 있다. 눈앞에서 벌어지는 문제들에 개입하려고 쓴 글이기 때문에 종합적이라기보다는 특수하고 보편적이라기보다는 맥락적이다. 아무쪼록 이 책이 무상교통에 관한 철학적, 이론적, 실천적 논의를 이끌어내는 데 도움이 됐으면 한다.

# 01

오라이, 무상 버스

# 1장 무상교통, 더 많은 논쟁과 더 넓은 연대

공영제니 무상 버스니 하는 대중교통 의제가 지방선거의 핵심 의제로 떠오른 것은 참 희귀하다. 그동안 지하철 증설이니 지티엑스GTX니 선거 때마다 약방의 감초처럼 들어 있던 공약이 아니라 유일한 지위를 가진 의제가 된 것이다. 흥미로운 것은 무상 버스냐 공영제냐 하는 날선 공방에도 현 체제를 유지하려 하는 기득권 층이 적극적인 반론을 펼치지 않는다는 점이다. 그러나 이미 공영제에 맞선 저항은 시작됐다. 때로는 시민사회단체의 얼굴로, 때로는 전문가의 얼굴로 나타난다. 알다시피 노동당은 무상교통을 주장하고 있다. 이런 주장이 주장에 그치지 않고 무상교통을 실현하려면 공영제를 통해 기득권 구조를 바꾸는 방안을 함께 고민해야 하는 상황에서 공영제 도입에 반대하는 논리를 미리 따져보는 일은 반드시 필요하다.

공영제가 지닌 문제라는 주장이 내세우는 논리는 이렇다. 공영제가 민영제나 준공영제보다 효율적이라는 사례나 연구 결과가 없고 오히려 반대 사례만 있다. 공영제를 도입한 나라보다 운영 적자 지원율이 낮다. 서비스 수준에서는 공영제나 민영제 사이에 차이가 없다. 공영제를 하게 되면 노조만 강력한 공룡 기업이 될 것이다. 그리고 비용도 많이 들 것이다.

전세계적으로 교통 선진국이라는 평가를 받는 나라는 대부분 공영제로 버스를 운영한다. 미국이 그렇고 유럽의 주요 국가들이 그렇다. 따라서 효율성을 다룬 비교 연구가 없다고 주장하기보다는 왜 선진국은 버스를 공영제로 운영하는지 살펴야 한다. 기본적으로 대중교통은 시민의 이동권에 관련된 기본적인 공공 서비스로 인식되고 있나. 서비스 공급 주체도 공공 기관이 책임지고 담당하는 것이 타당하다. 또한 현재 세계적으로 인정받는 중앙버스전용차로, 버스환승센터, 버스정보시스템 등 서울시의 버스 정책은 사실상 공영제가 가져온 효과다. 버스의 공익성이 전제되지 않는다면 택시나 자가용에 견줘 버스를 정책적으로 배려할 이유가 없지 않은가.

서울을 비롯해 준공영제를 도입한 지역의 가장 큰 골치는 막대한 보조금이다. 서울시는 이미 3000억 원을 넘어선다. 그리고 이런 보조금의 핵심에는 버스 회사에 보장해주는 적정 이윤이 있다. 서울시의 경우 2011년에만 700억 원 규모였다. 버스 한 대당 2만 5000원 꼴로 이윤을 보장해준다. 운전을 하는 버스 기사나 요금을 내는 승객에 상관없이 지급된다. 그러나 서울지역 시내버스 업체 대표들의 평균 연봉이 2억 원이 넘고 5억 원이 넘는 사람도 있다고 한다. 지금 문제가 되고 있는 준공영제의 비효율 사례 중 많은 부분이 민영제의 요인 때문에 발생하고 있다.

외국에는 학생 할인, 저소득층 무임 보장, 정기권 등 요금 체계를 통한 대중교통 유인 정책이 있다. 영국 런던은 관광객 할인이 되는 트레블 카드와 대학생 할인이 되는 오이스터 카드를 발행하고, 프랑스 파리나 미국 뉴욕도 다양한 정기권을 제공한다. 자가용 이용자도 버스를 이용하게 하려면 낮은 요금 체계를 유지해야 하고, 이런 비용이 적자 보전액에 포함되는 것이다. 적자 보전 비율만을 기준으로 공영제의 효율성을 바라보는 태도는 지극히 근시안적이다. 시민의 이익에 상관없이 버스 업체만 좋은 준공영제는 이미 한계에 직면했다. 세금도 요금도 모두 시민들이 부담하기 때문이다. 시민들이 내는 돈으로 운영될 수밖에 없는 대중교통이라면 차라리 시민이 주인으로 나서는 게 낫다. 근거 없는 노동조합 혐오증 때문에 서울지하철공사가 있는데도 따로 도시철도공사를 만들어 불필요한 사장과 임원진만 늘어난 사례를 반복할 게 아니라면, 운영 기구는 단순하게 하고 서비스는 피부에 와 닿게 만들어야 한다. 방법은 역시 공영제밖에 없다.

최근 제기되는 가장 세련된 형태의 공영제 반대론은 대중교통 운영체제에 정답은 없으며, 따라서 공영제니 무상 버스니 특정한 형태를 정해놓고 하는 논쟁은 무의미하다는 주장이다. 언뜻 타당한 구석이 있어 보이는 이런 주장은 현재 준공영제 체제가 떠받치고 있는 기득권 구조와 그 구조 탓에 양산되는 비리들도 지역적 특수성을 원인으로 드는 오류를 저지르고 있다. 이를테면 공영제로 운영되는 부산 지하철 4호선도 적자고 민자 사업자가 운영하는 김해 경전철도 적자인데 재정을 지원하면서 공영이니 사영이니 구분할 필요가 있으냐는 주장도 맥을 같이한다. 그러나 민간 사업자의 적자 보전은 그야말로 사유화된 이윤을 보장하는 수단이지만 공영제에서 발생하는 적자는 사회적 적자다. 민간 사업자의 적자는 지방정부의 '의무'이지만 공영제의 적자는 '사회적 부담'이다. 따라서 공영제는 단순히 외국의 제도를 따라 하자는 게 아니라, 구조화된 비리를 양산하는 준공영제 또는 사영제의 문제점을 고칠 수 있는 처방이라는 측면을 고려해야 한다.

노동당은 공영제, 나아가 무상교통의 형태가 반드시 지방정부 직영화를 전제로 할 필요가 없다는 점을 밝혔다. '공영제=직영제'가 정해진 공식은 아니다. 또한 서울 외곽 지역을 위성화하는 현행 광역 교통 체계를 효과적으로 보충할 수 있는 수단으로서 공영제는 중요하다. 노선의 사유화를 전제로 만들어진 현행 버스 운행 체계는 노선의 경제성이라는 잣대로 존폐가 나뉘지만, 공영제의 경우는 경제성을 넘어서는 시역 생활권의 지속 가능한 순환 구조를 만드는 데 활용할 수 있다. 예를 들어 지역 내 순환 노선을 신설해 서울의 도심 상업 지구로 빠져나가는 흐름을 지역 내로 유도할 수 있다.

전국의 버스 사업자들은 대부분 1960~1970년대에 사업자 면허를 받았다(전북 지역의 한 시외 노선을 가진 회사의 면허 발급 연도는 1944년으로 정부 수립 전부터 버스 사업자였다). 시영 버스 면허를 논공행상하듯이 나눠 가진 기득권 구조를 2세들이 세습하며 부와 권력을 유지하고 있다. 대를 이어 국회의원이나 지방의원을 하는 사람이 있고, 지역 유지로 무슨 무슨 후원회장을 하고 있는 사람도 있으며, 어떤 사람은 경총 부회장 같은 지위를 누린다. 이 카르텔을 깨자는 것이 공영제 주장의 중요한 함의다. 더 많은 논쟁에 더해 더 많은 연대가 필요하다. 이런 기회가 쉽게 오지 않는다. 조바심을 내면 안되겠지만, 그래도 안절부절 못하게 되는 이유는 바로 이런 점 때문이다.

## 2장 자유로운 이동이 자유로운 도시를 만든다
— 무상교통 논쟁이 놓치고 있는 것들


2014년 지방선거에서 경기도지사 후보로 나선 김상곤 전 교육감이 내건 무상교통 공약이 화제다. 때마침 프랑스 파리는 대기 오염이 심각한 수준에 이르러 자가용 이용을 억제하는 수단으로 일시적으로 대중교통을 무상으로 바꿨다는 소식도 들린다.

2013년 5월 폴란드의 좌파 정당인 노동당과 노조인 아우구스트 80August 80은 무상교통 도입 캠페인을 시작했다. 대중교통을 운영하는

무상교통이 시행된 뒤 파리의 스모그가 줄었다(BBC 화면 갈무리).

회사들이 요금을 올리자 시민들이 유지비가 더 싼 자가용을 이용하는 악순환이 반복됐다. 이런 상황을 벗어날 수 있게 아예 무상교통을 실시하자고 주장한 것이다. 실제로 폴란드 조리Zory 주는 올해 무상교통을 실시했다. 계속 요금이 오르자 가족 구성원이 많은 중산층 이하 가구에 큰 부담이 됐고, 결국 대중교통을 이용하지 않게 되면 또다시 요금이 오르는 악순환이 반복됐기 때문이다. 전체 주민보다는 우선 절반 정도 되는 주민들이 혜택을 받게 될 것 같다. 2013년 전라남도의 도서 지역인 신안군에서 작은 행사가 열렸다. 압해도에 버스 공영제가 도입된 사실을 알리는 자리였다. 신안군은 2007년 임자도를 시작으로 2014년까지 14개 읍과 면에 65세 이상 무료, 일반 1000원, 학생 500원의 요금을 받는 공영 버스 제도를 도입했다. 신안군처럼 운행 거리가 길고 승객이 적은 곳은 계속 버스 노선이 줄어들거나 운행 간격이 넓어지는 문제가 있었다. 신안군과 지역 버스 업체가 협약을 맺어 절충안을 내놓은 것이다.


**대중교통, 대중적이고 급진적인**


요즘 생활권이라는 말을 많이 쓴다. 사전을 찾아보면 걸어서 10분 거리에 닿는 동심원이다. 경전철 10개 노선 건설 계획을 발표한 서울시가 교통 복지를 위해 경전철이 필요하다며 내건 기준이 걸어서 10분 거리에 지하철역 1개가 포함된 생활권일 정도로 이 말은 공공 정책 안에 깊숙히 들어와 있다. 그런데 이 말에는 함정이 있다. 한 사람의 생활이 어떻게 구성돼 있느냐는 질문이 빠져 있다. 생활권 개념은 사실상 '주거' 생활권에 가깝다. 자고 먹는 집을 중심으로 그려진 동심원인 셈이다. 그러나 우리 삶은 주거에만 머무르지 않는다. 먹고 살려면 직장에 나가야 하고 배우려고 학교도 가야 한다. 또한 여가 시간을 즐기려고 다른 지역에 있는 문화 시설을 이용하기도 한다. 이렇게 공간이 아니라 사람을 중심에 놓게 되면 좀더 복합적인 생활권을 그릴 수 있다.

한 사람이 먹고자는 것뿐만 아니라 사회 활동을 하는 범위로 생활권을 고려하면 반드시 뒤따르는 사항이 이동 문제다. 한 곳에서 다른 곳으로 이동하는 데 지난날처럼, 또는 전통적인 생활권 개념처럼 도보만 이용할 수 있다면 좋겠지만 현대 사회에서는 일반적이지 않다. 오히려 장시간 이동을 해 직장에 가고 학교에 가고 아는 사람을 만난다. 한 사람이 가지고 있는 복합적인 생활권을 묶어주는 것이 바로 대중교통이다. 우리가 매일 이용하는 버스나 지하철은 타기 싫으면 타지 않아도 되는 선택재가 아니라 사회 활동을 하려면 반드시 있어야 하는 필수재다. 또한 버스 노선이나 지하철 노선은 한 개 노선에 복수 사업자가 경쟁할 수 있는 것도 아니고, 요금 구조가 있기는 하지만 대중교통을 이용하지 않으면 일반적인 사회생활이 불가능하다는 점에서 공공재의 성격도 강하게 띠고 있다. 무엇보다 대중교통을 이용하지 않는다고 할 때 선택할 수 있는 대안이 자가용뿐일 텐데, 자가용 이용과 대중교통 이용 사이에 비용 차이가 크기 때문에 대중교통이 싫다고 자가용으로 옮기기도 어렵다. 따라서 대중교통 정책은 각 계층에 각기 다른 영향을 주는 복지재이기도 하다. 이런 관점에서 보면 대중교통은 한 사람이 사회적 존재로 생활하는 데 필수 불가결한 서비스인데도 영리를 추구하는 사업자가 독점하고 있을 뿐 아니라

무상교통을 주장하는 브라질 사회단체인 '에미뻬엘리(Movimento Passe Livre, MPL)'는 이른바 '브라질의 봄'을 불러왔다.

교통 정책을 주도하는 행정이 가장 심하게 왜곡하는 갈등의 장이다.

특히 대중교통이 효과적인 부의 재분배와 함께 공간 정의에 연관된다는 점에 주목해야 한다. 알다시피 교통수단처럼 계층 분리가 심한 공공 서비스는 찾아보기 힘들다. 의료 서비스는 경제적 차이에 따라 서비스 질이 크게 차이가 나지만, 교통수단처럼 소유-비소유의 문제로 나타나지는 않는다. 또한 자가용처럼 주차장이나 도로 등 배타성을 지닌 도시 시설이 필요하지도 않는다.


## 두 개의 함정 — 수익자 부담과 재정 건전성

대중교통 정책은 그동안 사회정책으로 제대로 대접받지 못했다. 교통 정책을 살펴보면서 확인한 함정은 크게 두 가지다. 혜택을 받는 사람이 부담해야 한다는 수익자 부담 원칙과 적자는 나쁘다는 재정 건전성 맹신이 그것이다. 하나씩 살펴보자. 다른 사회서비스하고 다르게 대중교통은 개별화된 비용 구조를 가지고 있다. 버스를 이용하는 사람과 이용하지 않는 사람의 차이뿐만 아니라 버스를 하루에 2번 이용하는 사람과 10번 이상 이용하는 사람처럼 개인적 차이가 발생한다. 이렇게 개인화된 소비구조를 가지고 있기 때문에 요금은 곧 '비용에 걸맞은 대가를 지불하는가'라는 질문으로 이어지기 십상이다. 결국 버스나 지하철을 운영하는 운송 원가는 얼마이고 현재 요금에 견줘 얼마를 더 싸게 타고 있다는 식의 간단한 계산식이 나오는데, 대부분의 요금 갈등이 이런 식으로 수렴되고 만다. 그렇지만 생각해보자. 수익자 부담일 때 그 서비스는 기본적인 생활에 부가되는 것이어야 타당하다. 버스를 타지 않아도 되는데 탈 경우가 있고 지하철을 이용하지 않아도 되는데 이용할 경우가 있어야 그것을 이용하지 않는 사람에 견줘 부가적인 편익을 누리는 대가를 요구할 수 있다. 그러나 대중교통은 그렇지 않다. 대중교통은 비싸면 이용하지 않을 수 있는 선택재가 아니라 보편적인 사회권인 이동권에 닿아 있다고 봐야 한다. 여기에 수익자 부담이라는 원칙이 끼어드는 것은 논리적 모순이다. 그런데도 대중교통에 관련된 이슈에는 끊임없이 수익자 부담이라는 함정이 도사린다.

그다음이 바로 재정 적자 문제다. 무상교통을 도입하면 당장 1조 원이 넘는 재정이 필요하다며 호들갑을 떨고 있다. 그러나 계속 늘어나는 자가용 수요 덕분에 도로에 버리는 시간 비용은 이 금액을 훨씬 상회한다. 대기오염은 또 어떤가? 적어도 매년 거기에 상응하는 도로 건설 비용은 손해라고 하지 않고 사회간접자본soc 투자라고 말한다. 그러면 대중교통을 무상으로 이용하기 위한 사회 정책에만 '낭비'라는 딱지를 붙이는 이유는 무엇인가? 조그만 경제적 편익 때문에 대중교통에 관련된 정책의 결정 권한 중 일부를 민간 사업자에게 제공하는 정책이 타당할까? 또한 사회적 이유로 제공되는 환승 할인이나 무임승차 같은 사회 서비스가 민간 사업자의 적자 보전이라는 재무적 요소로 탈바꿈해 비용이 되는 현실은 어떤가? 지금도 지하철 적자의 주범으로 공격받고 있는 노인 무임승차를 보라. 대중교통을 운영하는 데 가능한 재정적 상황은 '적절함'만 있을 뿐이다. 대중교통에 지원하는 재정 규모가 어느 정도에서 적절하느냐가 쟁점이 돼야 하며, 그 과정에서 이른바 사회적 비용을 둘러싼 합의가 뒤따라야 한다. 그런데 대중교통 재정 지원이 비용이 되고 사회적 비용이 재무적 득실에 따라 판단되는 순간 대중교통 정책은 사실상 사회 서비스가 아니라 사유화된 서비스로 전락한다.

쓰레기 수거를 생각해보자. 적어도 1990년대 중반까지 쓰레기 수거는 일반적인 사회 서비스였고, 공공 재정을 바탕으로 시행되는 방식이 자연스러웠다. 그런데 지금은 자기가 쓴 만큼 비용을 부담해야 하는 서비스로 바뀌었고, 그런 방식을 환경 요인에서 보든 비용 요인에서 보든 자연스럽게 받아들인다. 반면 무상급식의 경우에는 반대 상황이다. 아이에게 밥을 먹이는 일은 어디까지나 양육의 범위에 있었다. 보리밥을 먹든 쌀밥을 먹든 그 집만의 문제였고, 설사 굶더라도 안타까운 일일지언정 부양자의 책임을 넘어서지 못했다. 그러나 이제는 적어도 학교 급식은 교육의 하나로 국가와 지방정부가 마땅히 책임을 져야 하는 문제가 됐다.

대중교통 역시 마찬가지다. 가난하고 몸이 불편할 때만 교통이 권리가 되는 게 아니라 모든 사람에게 이동은 당연히 보장돼야 하는 권리가 돼야 한다.

## 무상교통은 가능하다

유럽, 특히 독일권에 무상교통 정책을 전파하는 데 영향을 미친 벨기에의 헤셀hesselt은 1996년부터 무상교통을 실시했는데, 대중교통을 이용하는 승객이 매년 800~900퍼센트씩 증가했다. 무상교통의 혜택을 받는 헤셀 주민들의 주민증은 '황금카드'로 묘사될 정도다. 이렇게 늘어난 대중교통 이용자는 대부분 자가용 이용자들이었다. 현재 세계적으로 보면 유럽과 라틴아메리카에서 무상교통 정책을 시행하거나 추진하는 나라들이 많아지고 있다. 이제 무상교통은 단순히 복지 정책을 넘어서서 석유 에너지 사용을 축소하고 도시의 대기 환경을 개선하려는 환경 정책, 중심부의 도로 혼잡을 해소해 도시 공간을 좀더 인간적으로 만들려는 공간 정책의 의미로 확장된다.

이미 노동당은 2010년 서울시장 선거에서 무상교통 관련 공약을 내놓았다. 민간 기업이 독점하고 있는 교통카드를 공영화해 나오는 수익금으로 '반값 요금제'를 도입하자는 게 핵심이었다. 전국적으로 시행되고 있는 버스 준공영제는 막대한 재정이 지출되지만 요금이 연례적으로 인상되고 있다. 반면 도시나 농촌 등 교통 환경이 열악한 지역은 수익성이 없다는 이유로 노선이 폐지되고 있다. 시쳇말로 버스가 없어서 자가용을 타고 다니는 지역이 점차 늘어나는 형편이다. 좀더 넓혀 보면 공항철도 민영화 문제, 케이티엑스ктx 민영화 문제 등 대중교통 공공성을 둘러싼 갈등이 여전하다. 전주 버스노조 파업이나 삼화고속 파업에서 볼 수 있듯이 여전히 대중교통 사업장은 전근대적인 노사 관행에서 벗어나지 못하고 있다. 장애인 이동권 투쟁으로 얻어낸 저상버스 도입은 차일피일 미뤄지고 있다.

현재 준공영제는 민간 사업자 중심의 사유화된 대중교통 체계에 재정 보조금을 제공해 유지되는 형태다. 기왕에 들어가는 비용이라면, 그것도 적자를 보전하려고 쓰는 돈이라면 차라리 완전 공영제가 낫지 않을까. 이것이 처음이다. 그렇게 해서 사장들이 가져가던 수십 억 원의 이윤(서울의 경우)을 학생 할인 등 요금 할인에 들어가는 비용으로 쓸 수 있지 않을까. 이것이 다음이다. 어짜피 도로 건설에 쓰이는 교통시설특별회계(교통 에너지 환경세의 80퍼센트로 조성되며, 15조 원을 대부분 도로 건설에 쓴다)와 각 지방정부별로 관리하는 교통유발부담금(도시교통정비촉진법에 따라 백화점처럼 교통 수요를 유발하는 시설물에 부과되는데, 마찬가지로 대부분 도로 건설에 쓴다)을 활용해 단계적인 무상교통을 해보면 어떨까. 우선 교통이 불편한 지역을 다니는 마을버스나 농어촌 버스 등부터 무상교통으로 전환하고, 점차 대상을 확대하는 것이다. 이것이 마지막이다. 무상교통이라고 할 때 '무상' 자체에만 집중해서는 안 된다. 로빈 후드가 되는 게 사회 정책의 목표일 수는 없다. 오히려 대중교통 정책이 위치한 사회 정책의 맥락과 이 정책을 통해서 확산해야 될 사회적 전망에 관해 말해야 한다. 적어도 노동당에서 꿈꾸는 무상교통은 이런 방향에 놓여 있다.

# 3장 요금 대주는 게 무상교통?
## ― 제대로 하면 줄어드는 무상교통 비용

무상교통 논쟁을 촉발한 당사자 중 한 명인 김상곤 경기도지사 예비 후보자가 계층별 요금 보조를 핵심으로 하는 무상교통 재정 방안을 발표했다. 노동당에서는 김상곤 예비 후보자의 무상교통 정책에 이례적으로 찬성 논평을 냈지만, 이날 발표한 재정 방안에 관해서는 오히려 비판 논평을 냈다. 그러자 무상버스가 공짜로 버스를 타는 것이라면, 요금을 무료로 만드는 것도 문제가 없는 게 아니냐는 의문이 나왔다. 공영제를 거치는 무상교통과 무료 요금을 통한 무상버스가 뭐가 다른지 알아보려면 버스 보조금의 구조부터 살펴봐야 한다.

### 버스 보조금의 기원과 규모

한 노선에는 한 사업자만 존재한다. 이 말은 기본적으로 버스의 운송 비용이 상대적으로 고정적일 수밖에 없다는 의미다. 다시 말해 시점부에서 종점부까지 운행 거리와 정류장 수가 고정된 상황에서 갑자기 기름값이 많이 들거나 고용 인원이 늘어 비용이 늘어날 개연성

| 전북조합 업체별 현황 | | | | | | | |
|---|---|---|---|---|---|---|---|
| 회사명 | 대표자 | 업체 주소<br>전화 | 차량 등록 대수 | | | | 면허<br>일자 |
| | | | 시내 | 농어촌 | 시외 | 계 | |
| (주)전북<br>고속 | 황의종 | 전주시 덕진구 가리내로 30<br>(금암동)<br>063)270-1721 | | | 239 | 239 | 44.03.07 |
| (유)호남<br>고속 | 김택수 | 전주시 덕진구 신복천변로 28<br>(팔복동1가)<br>063)211-5111 | 76 | | 117 | 193 | 80.03.25 |
| (주)대한<br>고속 | 김재두 | 전주시 완산구 쑥고개로 267<br>(효자동2가)<br>063)227-7001 | 57 | 35 | 49 | 141 | 51.10.25 |
| 신성여객<br>(자합) | 이태한 | 전주시 덕진구 덕촌길 62<br>(팔복동3가)<br>063)214-5551 | 97 | | | 97 | 68.08.23 |
| (유)전일<br>여객 | 문용호 | 전주시 덕진구 가리내로 418<br>(덕진동2가)<br>063)272-7000 | 93 | | | 93 | 73.06.25 |

출차: 전국버스 운송사업조합연합회 누리집 조합별 업체 현황, 2013.

이 적다는 말이다. 또한 중량이 에너지 소비에 영향을 주기는 하지만 어짜피 차량 자체의 고정 중량이 있고 승객이 무한정 탈 수도 없어 한계 중량도 고정적이기 때문에 20명이 타든 30명이 타든 비용 요인에서 보면 크게 차이가 나지 않는 것도 버스 같은 대중교통 수단의 특징이다.

버스 사업의 수입과 지출의 구조는 단순하다. 실제 운송 비용이 총비용이고 요금 수입의 합이 총수입이다. 이것이 남으면 흑자, 반대로 부족하면 적자가 된다. 실제로 해방 뒤부터 2000년대에 들어설 때

| 버스 사업자가 받는 보조금과 보상금 | | | |
|---|---|---|---|
| 구분 | 대상 | 기준 및 방법 | 관련 법령 |
| 재정<br>지원<br>보조금 | 준공영제 재정 지원 | 시·도의 조례로 규정<br>※고속버스 제외 | 여객자동차운수<br>사업법 제50조 |
| | 수익성이 없는 노선의 운행 | | |
| | 낡은 차량의 대체 | | |
| | 환승보조금 | | |
| | 유류세 인상액 보조 | | |
| | 학생·청소년 할인 등 공적부담 | | |
| | 각종 시설장비 지원 등 | | |
| | 저상버스의 도입 | 국비와 지방비 분담 | 대중교통의 육성 및<br>이동촉진에 관한 법률<br>제12조 |
| | 천연가스버스 도입 | 국비와 지방비 분담 | 대기환경보전법 제47조 |
| | 천연가스연료비 보조 | | |
| | 공영버스 지원 | 국가: 버스 구입비<br>지자체: 운영비 일부<br>※운송업자와 위탁협약 | 오지·도서 교통지원사업<br>운영지침(국토해양부) |
| 손실<br>보상금 | 벽지노선 개선 및<br>운행 명령으로 인한 손실분 | 손실액(1일)=킬로미터당 운임<br>×운행거리×(평균승차 인원-<br>실제승차 인원)×운행횟수 | 여객자동차운수<br>사업법 제23조 |

까지 버스 운영 체계는 순수하게 사영 체계였다. 배타적인 노선 운영권을 가진 업체가 독점 운영해왔는데, 그 기간이 보통 40년 이상이 될 정도였다.

이렇게 운영되던 버스 업체들이 정부에 보조금을 요구하기 시작했고, 현행법에 보조금 지급 근거가 마련된 게 2001년 일이다. 그러니까 버스 보조금 제도는 '원래부터 있던 제도'가 아니라 '사업자가 요구해서 만들어진 제도'다. 버스의 수익 구조를 가장 나쁘게 만든 것은 아무래도 자가용 이용자의 급격한 증가와 지하철 등 대체 대중교통

| 버스 재정 지원금 | | | | | | |
|---|---|---|---|---|---|---|
| 구분 | | 2006 | 2007 | 2008 | 2009 | 2010 | 연평균 증감률 |

| 구분 | | 2006 | 2007 | 2008 | 2009 | 2010 | 연평균 증감률 |
|---|---|---|---|---|---|---|---|
| 계 (국비: 지방비) | 계 | 569,119 | 631,129 | 725,813 | 885,922 | 979,286 | 14.53 |
| | 국비 | 116,805 | 131,114 | 159,732 | 141,810 | 174,386 | 10.54 |
| | 비율 | 20.52 | 20.77 | 22.01 | 16.01 | 17.81 | -3.49 |
| | 지방비 | 452,314 | 500,015 | 566,081 | 744,112 | 804,900 | 15.50 |
| | 비율 | 79.48 | 79.23 | 77.99 | 83.99 | 82.19 | 0.84 |
| 버스 재정 지원 | 계 | 531,508 | 586,070 | 665,927 | 813,560 | 820,787 | 11.48 |
| | 국비 | 110,678 | 125,514 | 152,909 | 135,755 | 152,619 | 8.36 |
| | 비율 | 20.82 | 21.42 | 22.96 | 16.69 | 18.59 | -2.79 |
| | 지방비 | 420,830 | 460,556 | 513,018 | 677,805 | 654,717 | 11.68 |
| | 비율 | 79.18 | 78.58 | 77.04 | 83.31 | 79.77 | 0.19 |
| 벽지 노선 지원 | 계 | 32,087 | 40,188 | 48,120 | 55,889 | 60,874 | 17.36 |
| | 국비 | 3,988 | 3,423 | 4,171 | 3,702 | 4,162 | 1.07 |
| | 비율 | 12.43 | 8.52 | 8.67 | 6.62 | 6.84 | -13.88 |
| | 지방비 | 28,099 | 36,765 | 43,949 | 52,187 | 56,712 | 19.19 |
| | 비율 | 87.57 | 91.48 | 91.33 | 93.38 | 93.16 | 1.56 |
| 공영 버스 지원 | 계 | 5,524 | 4,871 | 11,766 | 16,473 | 15,399 | 29.21 |
| | 국비 | 2,139 | 2,177 | 2,652 | 2,353 | 2,647 | 5.47 |
| | 비율 | 38.72 | 44.69 | 22.54 | 14.28 | 17.19 | -18.37 |
| | 지방비 | 3,385 | 2,694 | 9,114 | 14,120 | 12,752 | 39.32 |
| | 비율 | 61.28 | 55.31 | 77.46 | 85.72 | 82.81 | 7.82 |

출차: 국토해양부, 〈2012년 대중교통현황조사 통계보고서〉.

수단의 발달을 들 수 있다.

　버스 사업자에게 지원하는 보조금 중 가장 규모가 큰 것은 2004년 서울시에서 시작된 준공영제 재정 지원으로, 2009년을 기준으로

5000억 원이 넘었다. 여기에 준공영제는 아니지만 공익적 목적에 따라 운행하는 노선에 주는 지원금이 1300억 원, 환승 할인 제도에 따른 환승 보조금이 1800억 원으로 운송 수익 보장에만 8000억 원이 넘는 지원이 이루어져 전체 1조 5000억 원(2009년 기준)의 보조금 중 절반을 넘어선다. 버스 사업자의 수입 보전에만 이 정도가 쓰인다. 여기에 유류세 인상분 보조금이 4000억 원 규모로 수입 보전액과 유류세 인상분 보조가 사실상 전체 버스 보조금의 대부분을 차지하고 있다.

특히 운송 수익 보장으로 볼 수 있는 항목들이 매년 급격하게 늘어나고 있는데, 정부 통계에 따르면 매년 14퍼센트 정도 증가했다.

### 사업자만 알고 있는 운송 원가의 비밀

버스 보조금 중 가장 높은 비중을 차지하고 있는 운송 수입 보조를 단순화하면 운송 원가에 운송 수입금을 뺀 나머지 금액을 적자 보전을 위해 지급하는 총 보조금으로 볼 수 있다.

운수업체 보조금(①)=표준 운송 원가(②)-노선별 대당 운송 수입금(③)

여기서 관건은 바로 표준 운송 원가, 곧 버스 1대를 운영하는 데 드는 비용이 얼마인가 하는 것이다. 과거에는 운송 수입금이 커다란 쟁점이었는데 요즘은 카드결제 비율이 90퍼센트에 육박하기 때문에 이런 염려는 상대적으로 적다. 서울시만 놓고 보면 표준 운송 원가에 포함되는 항목은 2011년 기준으로 10개다. 이 표준 운송 원가는 어떻

| 운송 원가 항목 | | |
| --- | --- | --- |
| 대당 편성 | 거리당 표준가 | 실집행 |
| 급여(운전직, 정비직, 관리직, 임원), 차량보험료, 감가상각비, 기타 차량 유지비, 차고지비, 기타관리비, 이윤 | 타이어비, 정비비 | 연료비 |

게 책정될까? 업체가 제시한 표준 운송 원가를 '협상'을 거쳐 조정해 결정된다. 원가 검증이라는 용역이 진행되지만 실제로 서류만 검토할 뿐 실질적인 검증 절차는 없다.

더구나 현재 표준 운송 원가는 기본적으로 차량을 기준치 이상으로 보유할수록 좀더 많은 보조금을 받을 수 있는 것은 물론이고, 연료비는 실제 사용량을 보상해주기 때문에 공회전 방지 등 연료를 절감하려는 노력을 하지 않는 요인이 된다. 특히 2012년 서울시의회 행정사무감사에서 각 노선별 연료비 정산 내역이 심하게 표준편차가 나타나 실제 검증할 필요가 있다고 의원이 지적하자 서울시 교통본부 공무원이 '서울시의 노선별 굴곡과 주행 환경의 차이'를 근거로 사업자를 두둔하는 촌극까지 벌어졌다. 문제는 정작 서울시가 직접 버스를 운영해 원가 측정을 위한 실측이 가능한데도 2004년부터 지금까지 단 한 차례도 실질적인 원가 검증을 하지 않았다는 사실이다. 아마도 서울시는 2012년 이윤의 규모를 축소하는 등 400억 원 정도의 표준 운송 원가를 절감한 사실을 강조할 테지만, 적정성을 검증하는 과정이 아니라 사업자를 상대로 협상한 결과 버스 정책시민위원회가 업체의 이익을 보장하려 하거나 감사원 등의 감사 결과를 무시하고 관행을 두둔한 점만 지적하자. 절대액을 줄인 게 아니라, 어떤 검

| 버스 정책분과위원회<br>(2013.2.6.) | 경영합리화분과<br>(2013.2.21.) |
|---|---|
| • 2012년 시내버스 회사 평가 성과 이윤 지급 방식을 변경하는 안건으로, 행정부 제출 원안으로 통과됐음.<br>• 교수 4명, 연구원 2명, 변호사 2명, 시민단체 2명, 회계사 1명, 버스 업체 1명으로 구성됨. | • 운송 수입금 관리 및 운송 비용 정산 방식 개선안 심의 안건으로, 감사원의 감사 결과에 따라 조기 대폐차 수익금의 환수에 대해서는 '실익이 없다'는 이유로, 부대 사업을 명확히 하라는 주문에 대해서는 '기관장 판단 사항으로 그것에 구속받을 필요가 없다'는 식으로, 노조 후생복지 지원금에 대해서는 '본회의를 심의 절차로 갈음한다'는 내용으로 통과됨.<br>• 교수 1명, 시민단체 3명, 변호사 1명, 회계사 1명, 사업체 1명 등으로 구성됨. |

출차: 서울시 누리집에 공개된 회의록을 분석함.

증 과정을 거쳐 그런 일이 가능했는지, 그리고 그 과정에서 이용자의 관점이 제대로 반영될 수 있는지가 더 중요하다.


### 구조적 비리를 양산하는 버스 보조 체계

2010년 국민권익위원회가 내놓은 조사 결과를 보면 준공영제든 아니든 거의 모든 보조금 항목에서 비리가 발생한 사실을 확인할 수 있다. 현행 버스 지원 체계가 구조적인 비리를 키우는 주범인 셈이다. 인천시나 서울시 등에서 똑같이 임원에게 인건비를 중복 지급한 사실이 적발됐고, 특히 광고 수입이나 이자 수입 등 운송 수입금을 보조 대상 금액에서 차감하지 않고 임의로 사용했다. 인천시 버스 업체들은 2009년부터 2012년까지 83억 원의 광고 수입을, 서울시 버스 업체들은 매년 27억 원 상당의 차량 매각 수입을 별도 수입으로 계상한 것으로 나타났다.

서울시 경우에는 총운송비용에 한국노총 소속 전국자동차노동조합연맹과 서울특별시버스노동조합에 지급하는 재정 지원도 들어가 있는데, 2004년부터 2011년까지 304억 원으로 매년 평균 60억 원에 이른다. 국민권익위원회 조사 결과든 인천시 자체 감사 결과든 감사원 감사 결과든 고쳐지는 것은 거의 없다. 왜 그럴까. 역설적으로 현행 버스 보조금 체계 또는 버스 준공영제 자체가 그런 비리를 만들어내는 구실을 하기 때문이다.

노동당에서 김상곤 예비 후보의 무상버스 공약을 찬성하면서도 계층별 요금 지원을 핵심으로 하는 재정 대책을 비판한 이유가 바로 이것이다. 제도화된 비리 구조를 바꾸지 않고서 추가 재정을 지원해 실행되는 무상버스는 결국 이용자보다는 버스 사업자에게 이익이 돌아가는 구조가 될 것이기 때문이다. 한계 노선의 인수나 적자 기업의 인수도 그것 자체로는 타당성이 있지만, 서울의 버스 노선 중 이미 80퍼센트 이상이 적자 노선이라는 점을 고려하면 구체적인 수단의 측면에서 한계가 있을 수밖에 없다. 더구나 요금 지원은 2015년부터 바로 시작할 수 있지만 적자 노선 인수나 부실 기업 인수는 당장 가능하지도 않다. 한 회사당 2~3개의 버스만 운영한 신안군에서 10개 버스 회사를 공영제로 흡수하는 데 10년이 걸린 점을 보면, 요금 지원과 버스 구조 조정의 시차가 발생하면서 요금 지원 제도 자체가 공영제를 위한 수단의 효과를 상쇄시킬 개연성이 있다.

따라서 무상교통, 특히 공영제를 거치는 대중교통 개혁으로서 무상교통은 현행 보조금 제도를 적극 활용해 공영 노선 신설과 기존 노선 재환수, 한계 기업의 퇴출 등이 병행돼야 가능하며, 그 과정에서 발생할 수 있는 해고 문제를 흡수할 공단을 설립하는 문제 등이 종합적으로 모색돼야 한다. 이를테면 지금처럼 적자 보전에 무차별로 지원하는 구조를 보조금 지원의 목적을 특정하고 노선의 소유권과 운영권을 분리하는 방식으로 바꿔 준공영제를 '보조금 풀제'로 전환하는 방안도 고려해야 한다.

버스는 자본가 파업이 언제든 일어날 수밖에 없는 구조다. 특히 서울의 경우에는 한정 면허를 일반 면허로 전환하고 요금 인상을 요구하는 과정에서 사업자가 주도하는 파업이 일어날 가능성이 늘 있었다.


### 구조 개혁하고 함께 가는 무상교통

지금까지 장황하게 버스 준공영제의 문제점을 지적한 이유가 있다. 첫째는 공영제든 무상교통이든 현재의 대중교통 구조에 근거하는 현실적인 내용을 담고 있어야 한다는 점이다. 현재 구조에서 어디부터 어디까지 내버려두는 변화인지, 그리고 그런 구조 아래에서 공영제나 무상버스가 어떻게 실현될 수 있는지를 말해야 한다. 그런 검토 없이 이용자의 관점에서만 공짜로 버스를 타게 해준다는 식으로 접근하는 방식은 근시안적일 뿐만 아니라 오히려 나쁜 구조를 유지시키는 잘못을 저지르게 된다. 둘째는 이런 현재의 상황을 전제로 할 때 무상교통의 전환 비용이 지금 나오고 있는 총량적 접근하고는 상당히 다를 수밖에 없다는 점이다. 다시 말해 '현재 상태를 전제로' 총량적인 재정 부담 규모를 따지는 방식은 적절하지 않고, 더구나 투자해야 하는 비용으로 접근하는 방식 역시 바람직하지 않을 뿐 아니라 가능하지도 않다.

그렇다면 무상교통을 위한 재정 구조는 어떻게 짜야 할까. 우선 보조금 제도의 구조를 개선해 얻게 되는 '전환 이익'과 무상교통 도입에 따른 '신규 비용'을 함께 고려해야 한다. 현재 서울 시내버스의 한 해 운송 비용은 1조 4700억 원 정도로, 이 중 요금 수입이 1조 2400억 원정도이고 보조금은 2000~3000억 원이다. 물론 실제 지급하지 않고 부채로 잡아놓은 보조금이 매년 1000억 원 정도 되고 중앙정부가 지원하는 유류 보조금이 2700억 원에서 3000억 원 정도 된다는 점을 감안하면, 운송 비용 중 보조금이 차지하는 비율(중앙정부의 유류 보조금이 포함된 운송 비용으로 보면 전체 순수 운송 비용은 1조 7000억 원이고 여기에 기타 보조금 총합이 7000억 원임)은 25퍼센트 정도로 나타난다. 가장 간단하게 무상버스를 실현할 수 있는 방안은 요금 수입 부분인 1조 2000억 원을 투입하는 것이다. 그러나 준공영제이기 때문에 들어가는 관리 비용과 이윤을 고려해보자. 최근 제도가 바뀌었지만 2012년만 하더라도 관리직 임금과 임원 임금은 회사당 고정급 형식으로 각각 1억 원과 5000만 원 정도를 주고, 최소 보유 대수를 넘어설 경우 한 대당 각각 500만 원과 70만 원 정도를 보장하는 방식이었다. 지금은 운전직 인건비의 특정 비율로 산정하는데, 운전직 노동자가 늘어나면 관리직과 임원직의 인건비로 보장받는 비용이 늘어나는 구조다. 여기에 얼마 전까지 10퍼센트에서 15퍼센트까지 보장되던 업체 이윤이 있다. 최근에는 총매출액의 5퍼센트 정도를 업체 이윤으로 보장하게 바뀌었지만, 승객이 늘어나는 데 경영이 어떤 기여도 하지 않는 상황에서 고정 이윤을 보장받는 구조는 바뀐 것이 없다. 그리고 이런 보조금 구조에서 거의 10퍼센트에 이르는 예비 차량 비율이 있다. 기본적으로 보조금이 보유 대수당 산정되는 구조이다 보니 불필요한 버스를 감차하는 것보다(버스를 감차할 때도 감차 보조금을 준다) 계속 보유하면서 적당히 운행해 보조금을 받는 편이 더 유리하다.

이런 구조를 공영제로 전환하면 비용은 오히려 줄어든다. 최근 서울시가 10억 원을 들여 버스 준공영제의 대안을 검토했는데 공영제 전환 비용이 낮아서 사업자와 서울시 교통본부 관계자들이 '반발'(?)했다는 소문도 있지만, 현행 버스 준공영제 구조를 살펴보면 운전직 인건비부터 차량 구입에 기름값, 차고지 매입까지 다 챙겨주는 상황에서 공영제 전환 비용이 도대체 어디서 발생할 수 있을지 의문이다. 이렇게 운영하는 처지에 그것도 주식회사라고 대주주들이 매년 꼬박꼬박 챙겨 가는 배당금이 억대에 이른다.

노동당이 공영제를 제안할 때 굳이 재정 측면을 고려하지 않은 이유는 이런 구조 개혁을 전제로 보면 공영제 전환이 오히려 이익이기 때문이다. 이런 사실을 바탕으로 무상교통으로 전환하면 된다.

생각해보자. 버스 체계를 운영하는 비용이 뭘까? 바로 원가의 합산이다. 앞에서 여러 번 지적했지만 한국에서 버스 노선의 원가를 알고 있는 사람은 사업자뿐이다. 게다가 승객 개개인을 비용의 관점에서 접근하는 태도는 어디까지나 요금제로 운영되는 상황에서나 가능한 방식이다. 실제 무상으로 공급되는 도로나 주택가 인근에 자동차가 점유하고 있는 공유 공간 비용과 원가를 따지는 방식으로 접근하지는 않는다. 그렇기 때문에 무상교통의 핵심은 자가용 이용자와 대중교통 이용자 사이의 사회적 자원의 배분 문제, 그리고 공익성의 관점에서 어떤 '이동'이 사회적으로 보장돼야 하느냐는 가치의 문제가 된다. 그래서 현재 자가용 중심으로 짜인 각종 교통 관련 특별회계의 재정비, 교통 관련 부담금 제도의 제정이나 개정을 함께 고민해야 한다.

특히 2008년 서울시에서 도입을 검토한 혼잡 통행료를 적극 재검토해야 한다. 강북 도심과 강남 도심에 혼잡 통행료 제도를 실시해 4000원을 부과하면 연간 최소 2800억 원의 추가 재정 수입이 발생한다. 또한 그동안 획일적으로 부과되던 대규모 상업 시설 등에 물리는 교통 유발 부담금도 현재 100분의 100 범위에서 상향 조정할 수 있는 조항을 활용해 인상하고, 현실에 맞지 않는 유발계수도 정비해 교통 수요를 증가시키는 대형 사업주의 책임을 현실화해야 한다.

여기에 서울시가 민자 사업으로 경전철 10개 노선을 연장하겠다며 내세운 통행 시간 가치를 감안해보자. 무상교통을 시행하는 나라에서는 최소 200~300퍼센트의 이용자 증가율을 보이는데, 이 수치는 다른 대중교통 수단과 자가용 이용자들이 전환되면서 나타나는 효과다. 요금 단말기를 없애는 것만으로도 18퍼센트 정도의 시간이 단축된다는 보고도 있는 만큼 무상교통에 따른 통행 시간 가치는 최소한 경전철 신규 건설보다 훨씬 경제적이다. 서울시는 2013년에 내놓은 '도시철도기본계획'에서 승용차 이용자(261만 원), 버스 이용자(216만 원), 화물차 운전자(216만 원)로 구분한 통행 시간 가치를 내놓고 경전철이 건설될 때 절약되는 시간을 감안해 편익을 산출했다. 서울시는 매년 3000억 원의 건설비를 10년 가까이 지출하고 그 뒤에는 민간 사업자를 지원해야 하는 상황에서도 경제적인 타당성이 있다고, 시민의 교통 복지를 위해 해볼 만하다고 주장하지 않았던가.

이렇게 자가용 이용이 줄어들면, 대기오염 총량 관리가 손쉬워지고 도로를 추가로 개설하려는 수요도 사라진다. 당연하게도 한정된 재원을 새롭게 분배할 수 있게 된다.

두 차례에 걸친 무상교통 논쟁을 마무리해보자. 개인적으로 이번에 사회적으로 쟁점이 된 무상교통/공영제 논쟁이 '비용' 문제로 국한되지 않기를 바란다. 비용 문제가 중요하지 않다는 게 아니라, 현재의 버스 운용 구조를 '전제'로 하는 비용 논의는 그것 자체로 왜곡된 구도를 형성한다는 점에서 그렇다. 현재의 버스보조금 구조가 지닌 비정상을 바로잡는다는 점에서 완전 공영제는 일차적인 의미가 있다. 경제적으로도 그렇고 사회적 가치에 비추어봐도 정당하다. 그러나 전환 과정은 매우 소란스러울 것이다. 40년도 넘게 굳어진 지역의 기득권 구조가 한순간에 사라질 리도 없고, 중앙정부나 지방정부의 관료 구조, 그리고 이런 구조에 기생하는 전문가 집단까지 고려할 때 만만치 않은 과정이 될 것이다. 그리고 함께 추진될 무상교통은 그야말로 새로운 사회의 전환이라는 말로 표현될 수 있는 변화를 가져온다. 자가용과 도로에 잠식된 도시 구조, 한정된 재정을 옥죄고 있던 각종 토건의 욕망, 그리고 한계에 부딪힌 에너지와 환경 조건들이 변화할 것이다.

단 한순간에 1조 원에 이르는 비용을 들여서 버스 쿠폰을 나눠주자는 발상은 무상교통이 지닌 기본 가치에 동떨어져 있다. 적어도 대중교통이 공공 정책의 한 영역인 한, 그리고 적극적인 사회 정책인 한 재정 지출의 유무보다는 '어떤' 재정 지출이냐가 핵심이어야 한다. 우리가 (사실상 검증되지 않는) 고용 창출 효과 때문에 대기업에 보조금을 주는 것과 평범한 사람들의 자유로운 이동을 위해 무상교통에 비용을 들이는 것은 크게 다르지 않다. 이 유사함을 갈라놓는 기득권 구조와 대중교통에 관한 왜곡된 시선을 바꾸어 나가는 게 중요하다.

노동당은 이미 무상교통을 도입하기 위한 사회적 논의 기구를 폭넓게 구성하자고 제안했다. 전국 차원에서 하기 힘들다면 서울이든 경기도든 지역별로 현재의 준공영제 체제를 공영제로 바꾸고 무상교통을 실현할 수 있도록 머리와 힘을 모으면 좋겠다. 다른 것은 다 떠나 논쟁이라도 제대로 해보면 좋겠다. 가장 무서운 게 무플이라고, 정치적인 제안을 할 때 가장 무서운 것은 무시다. 시간이 지나도 도저히 익숙해지지 않는다. 그러니 찬성이든 반대든 꺼내놓고 이야기 좀 해보자.

# 4장 무상교통은 가능하다
## — 버스 공영제로 열어가는 무상교통

**뻔한 무상 시리즈?**

무상교통은 낯선 의제가 아니다. 우리의 문제를 해결하기 위해 제안된 대중교통의 공공성 강화를 위한 의제들이 지속적이고 연속적으로 숙성된 결과라고 볼 수 있다. 실제로 서울만 놓고 보면, 2010년 진보서울 만들기 노동모임에서 제안한 '진보서울 만들기 프로젝트'의 10가지 정책 의제에도 대중교통공사 설립을 통한 공영제 도입이 포함돼 있었고, 2010년 진보신당(현 노동당)은 서울시장 공약에 스마트카드사의 공영화를 매개로 하는 '반값 정액승차권'을 제안했다. 전세계적으로 보면 중소 도시 내의 교통망이나 넓은 유료 교통망에 결합된 형태로 도입된 때가 1980년대(미국의 대학 도시 위주)로, 유럽 중소 도시의 경우는 2000년대 이후라고 할 수 있다. 흥미롭게도 정책이 지닌 복합성 때문에 무상교통 의제는 실제 도입 사례에서도 매우 복합적인 특징을 보인다.

무상교통 도입 뒤 800퍼센트가 넘게 이용자가 증가한 벨기에 하셀은 애초 시장이 3차 고속도로 건립 계획을 거부하고 기존의 고속도

로 역시 보행자와 자전거 이용자 도로로 개방하는 동시에 버스의 무
상화를 실시하면서 시작됐으며, 오스트레일리아의 아델라이드나 퍼
스는 도심 내 상업 지구의 혼잡을 막기 위한 교통 수요 정책의 일환
으로 추진됐다. 중국 푸젠 성의 시시나 후난의 창닝은 몇 개의 공공
노선을 운영하며, 뉴질랜드의 오클랜드는 도심 내 순환선을 무상으
로 공급하고 있다. 2012년 12월에는 유럽의 '무상교통네트워크'에 참
여하는 20개 도시가 모여 공동 세미나를 진행했고, 미국의 록펠러 재
단은 《애틀랜틱 먼슬리》가 운영하는 도시 전문 인터넷 매체인 《애틀
랜틱 시티》의 무상교통 기획 기사에 스폰서를 제공하기도 했다.

유럽 무상교통 네트워크에서는 무상교통의 이데올로기적 측면,
사회적 특징, 경제적 특징, 유럽의 무상교통 모범 사례를 선정하는 한
편, 유럽연합EU 차원에서 무상교통 의제를 확산하기로 결정했다. 1월
부터 연재되기 시작한 《애틀랜틱 시티》의 기사는 '교통의 미래'라는
표제 아래 자가용 의존 구조 분석과 24시간 교통 운행, 자동차 사고,
자가용 대체 등을 주제로 이어지고 있는데, 탈린의 무상교통 사례를
포함한 무상교통 의제를 3차례 정도 다뤘다. 유럽의 무상교통 현황과
효과, 자전거 중심의 도심 도로망 개선, 구글 등에서 개발 중인 무인
승용차의 등장에 관한 전망까지 교통 정책의 변화에 관련된 폭넓은
시각을 제시하고 있다.

이런 사례에서 볼 수 있듯이 무상교통은 그저 그런 선정적 의제도
아닐뿐더러 정책의 효과를 천천히 점검해야 하는 아주 새로운 정책도
아니다. 특히 서울 같은 대도시의 도시 문제를 해결하기 위한 해법뿐
아니라 더는 읍면 단위로 단일 생활권을 유지할 수 없는 비도시 지역
의 교통 문제를 해결하기 위한 효과적인 수단으로 고민해야 하는 사

에스토니아 탈린의 무상교통을 알리는 티셔츠.

회 정책이라고 할 수 있다. 그렇지만 여전히 사기업이 장악하고 있는 한국 교통 체계의 특징 탓에 무상교통 의제는 몇 가지 구조적 측면에서 해명이 필요하다. 이를테면 민간 기업이 운영하는 편이 효율성을 높이는 데 더 낫지 않느냐는 주장, 무상교통이 되면 좋지만 너무 비용이 많이 들지 않느냐는 비용의 문제, 어차피 공영화해버리면 다른 공기업처럼 구조적인 비효율이 나타날 것이라는 논리가 그렇다.

따라서 우선 무상교통의 논리 구조를 좀더 살펴보면서 앞서 제기한 문제들을 해명하고, 현재 한국의 대중교통 체계(특히 버스 구조)가 지닌 특수성을 살펴보자. 그리고 무상교통 전환의 논리를 점검하면서 글을 마무리하려 한다.

노동당이 제시하는 무상교통의 방향은 크게 3가지인데, 개괄적으로 살펴보면 이렇다.

**처방적 측면** 사기업의 이윤 보장을 기본으로 하는 현행 보조금 제도, 수익성을 잣대로 하는 노선과 운행시간 결정, 대중교통 이용자가 정책결정 과정에서 배제되는 정책 구조, 낭비적인 보조금 구조에 유착한 노-사-정 구조.

**예방적 측면** 25~30퍼센트에 이르는 자가용 수요의 억제를 통한 사회적 비용 절감(도로화, 혼잡도 등), 경전철 등 비가역적 도시 교통 체계에 관한 대응 정책.

**권리적 측면** 출근, 통학 등 필수적 이동의 보장, 안전하고 편리한 도로 환경의 조성과 보행이나 자전거 등 대체 도로 환경 조성.

현재 이른바 일반 사기업이 요금 수익과 광고 등 부대 수입을 통해 교통수단을 운영하는 경우는 고속버스 같은 광역 노선을 제외하면 거의 없다. 특히 지역별로 운영하는 버스는 대부분 보조금 형태의 재정 지원을 받는 형편이다. 따라서 현재 버스 운영 체계의 주된 형태는 사실상 공공 지원형이다.

특히 2004년 서울시에서 시작한 버스 체계 개편에 따른 버스 준공영제가 인천 등 광역시를 중심으로 도입되면서 공공 재원을 통한 버스 지원금 중 많은 금액이 준공영제에 따른 재정 지원에 들어가고 그 다음으로 수익성 없는 노선을 운행하는 데 지원되고 있는데, 이 규모는 2009년 기준으로 1조 5000억 원의 전체 재정 지원금 중 40퍼센트가 넘는 640억 원에 이른다. 유류세 보조에 환승 보조금까지 합치면 4가지 지원금 항목이 대부분을 차지한다.

문제는 이런 지원이 대부분 법률에 따라 집행되지만 재정 지출 측면에서 보면 전체 지원액 중 10퍼센트 정도만 국가가 지원하고 나머

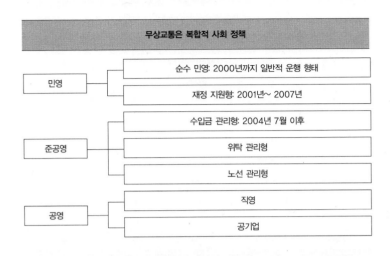

## 무상교통은 복합적 사회 정책

| 민영 | 순수 민영: 2000년까지 일반적 운행 형태 |
| | 재정 지원형: 2001년~ 2007년 |
| 준공영 | 수입금 관리형: 2004년 7월 이후 |
| | 위탁 관리형 |
| | 노선 관리형 |
| 공영 | 직영 |
| | 공기업 |

## 재정 지원의 종류 및 종류별 규모(2009년 현재)

| 구분 | 대상 | 지원액<br>(단위: 백만 원) | 기준 및 방법 | 관련 법령 |
|---|---|---|---|---|
| 재정<br>지원<br>보조금 | 준공영제 재정 지원 | 509,213 | 시·도의 조례로 규정<br>※고속버스 제외 | 여객자동차운수<br>사업법 제50조 |
| | 수익성이 없는 노선의 운행 | 136,037 | | |
| | 낡은 차량의 대체 | 8,129 | | |
| | 환승 보조금 | 187,774 | | |
| | 유류세 인상액 보조 | 395,597 | | |
| | 학생·청소년 할인 등<br>공적부담 | 25,050 | | |
| | 각종 시설 장비 지원 등 | 29,525 | | |
| | 저상버스의 도입 | 99,653 | 국비와 지방비 분담 | 대중교통의 육성<br>및 이동촉진에<br>관한 법률 제12조 |
| | 천연가스 버스 도입 | 9,000 | 국비와 지방비 분담 | 대기환경보전법<br>제47조 |
| | 천연가스 연료비 보조 | 42,597 | | |
| | 공영버스 지원 | 19,205 | 국가: 버스 구입비<br>지자체: 운영비 일부<br>※운송업자와 위탁협약 | 오지·도서<br>교통지원사업<br>운영지침<br>(국토해양부) |
| 손실<br>보상금 | 벽지 노선 개선 및<br>운행 명령으로 인한<br>손실분 | 57,711 | 손실액(1일)=킬로미터당 운임<br>×운행거리×(평균승차 인원-<br>실제승차 인원)×운행횟수 | 여객자동차운수<br>사업법 제23조 |
| | 총계 | 1,499,841 | | |

출처: 국민권익위원회, 《버스 운송보조금 부당지급 방지나선다》, 2010.

43

| 2009년 전국 버스 관련 재정 지원 현황(실태조사)(단위: 백만 원) | | | | |
|---|---|---|---|---|
| 지자체 | 합계 | 국비(분권교부세) | 시도비 | 시군비 |
| 서울 | 353,913 | 39,068 | 313,846 | – |
| 부산 | 100,084 | 13,936 | 86,149 | – |
| 대구 | 150,173 | 3,500 | 146,673 | – |
| 인천 | 58,330 | 12,773 | 45,558 | – |
| 광주 | 35,809 | 6,486 | 29,323 | – |
| 대전 | 44,072 | 3,049 | 40,125 | 98 |
| 울산 | 17,204 | 300 | 16,904 | – |
| 경기 | 296,818 | 27,406 | 151,336 | 118,076 |
| 강원 | 90,028 | 6,900 | 2,728 | 80,399 |
| 충북 | 50,139 | 9,405 | 3,126 | 37,608 |
| 충남 | 54,914 | 7,038 | 6,516 | 41,359 |
| 전북 | 56,081 | 21,060 | 7,052 | 27,969 |
| 전남 | 34,596 | 15,883 | 3,296 | 15,416 |
| 경북 | 35,173 | 197 | 5,124 | 29,852 |
| 경남 | 108,864 | 19,788 | 10,931 | 78,143 |
| 제주 | 14,644 | 2,948 | 11,696 | – |
| 총계 | 1,499,841 | 190,536 | 880,382 | 428,922 |

| 주요 광역시 버스보조금 지원 현황 | | | |
|---|---|---|---|
| | 보유 대수 (대) | 연간 재정 지원금 (억 원) | 연간 대당 지원금 (백만 원) |
| 서울 | 7,534 | 2,819 | 37.4 |
| 부산 | 2,374 | 1,209 | 50.9 |
| 대구 | 1,561 | 832 | 53.3 |
| 인천 | 2,296 | 1,024 | 44.6 |
| 광주 | 930 | 348 | 37.4 |
| 대전 | 908 | 395 | 43.5 |

출처 현대산업경제연구원, 서울시 버스 준공영제 운영지원 체계 개선방안 연구, 서울시의회, 2012. 내용을 재구성.

| 준공영제 실시 광역시 현황 — 재정 지원금과 적자 지원 규모(단위: 억 원) | | 2009 | 2010 | 2011 | 2012 |
|---|---|---|---|---|---|
| 서울 | 재정 지원 | 3,769 | 2,487 | 2,819 | 2,664 |
| | 적자보전 | 2,900 | 1,900 | 2,385 | 2,280 |
| 부산 | 재정 지원 | 994 | 1,250 | 1,209 | 855 |
| | 적자보전 | 602 | 858 | 932 | 596 |
| 대구 | 재정 지원 | 866 | 884 | 832 | 785 |
| | 적자보전 | 775 | 840 | 802 | 750 |
| 인천 | 재정 지원 | 581 | 888 | 1,024 | 1,008 |
| | 적자보전 | 276 | 333 | 457 | 309 |
| 광주 | 재정 지원 | 375 | 375 | 348 | 265 |
| | 적자보전 | 321 | 335 | 322 | 250 |
| 대전 | 재정 지원 | 462 | 448 | 395 | 301 |
| | 적자보전 | 462 | 448 | 395 | 301 |

출처: 현대산업경제연구원, 앞의 글.

지는 지방비라는 점이다. 이런 특징 때문에 버스를 중심으로 하는 대중교통 문제는 지방정부의 주된 의제일 수밖에 없다.

구체적으로 보면, 전체 1조 5000억 원 중에서 시도비가 8802억 원으로 59퍼센트를 차지하고 시군구가 4289억 원으로 28퍼센트를 부담하고 있다. 이런 부담은 서울, 대구, 경기, 부산, 인천, 광주 등 광역시에서 높게 나타나는데, 경남과 제주도 등 다른 곳에 견줘 많게는 5배 정도 더 많은 부담을 지고 있다. 특히 버스 준공영제를 실시하고 있는 곳의 재정 지원금 현황을 살펴보면 적자 노선 재정 지원이 가장 큰 항목이라는 사실을 알 수 있다. 현행 버스 운영 체계상 민간 기업이 버스를 운영하더라도(운영 주체의 성격), 실제 운영 비용의 측면에서는 공공적 성격을 강하게 띠고 있는 것이다.

2012년 기준으로 85퍼센트(서울시), 69퍼센트(부산시), 95퍼센트 (대구시) 등 사실상 민간 버스 업체의 운영 보조가 버스 재정 지원금의 대부분을 차지하고 있다. 그 결과 버스 준공영제를 운영하는 광역시의 연간 대당 지원금은 5000만 원에서 3000만 원 수준에 이른다.

통상 버스 준공영제가 버스 운전사 임금의 정액 지원을 기본으로 채택하고 있다는 점에서 보면, 대당 지원금의 상당액은 버스 운전 노동자들의 인건비라고 할 수 있다. 사실상의 '공영 체계'인 버스 재정 지원금은 지방정부의 취약한 전문성과 만성화된 사-정 유착 관계 탓에 낭비적인 요소로 전락하고 있는 실정이다.

2010년 국민권익위 조사에 따르면 버스 준공영제 지역이나 미실시 지역이나 할 것없이 구조적인 부패가 지속되고 있다. 조사 결과를 요약하면 이렇다.

- 서울특별시와 인천광역시 등은 유가보조금 및 천연가스연료비보조금을 운송 원가에서 차감하고 있으나, ○○광역시 등 3개 자치단체는 '07~'09년도 3년간 총 약 56억 원의 보조금을 운송 원가에서 미차감해 과다 지급하는 결과를 가져왔다.
- 강원도와 전라북도 버스 운송조합은 국가유공자에 보훈처에서 지급하는 국가유공자할인보조금을 운송회사에 지급하고 있으나, ○○도 버스 운송조합은 국가유공자할인보조금 약5억 원('06~'08년)을 버스 회사에 지급하지 않고 조합의 부채 상환을 위한 보증금으로 유용했다.
- ○○도 등 2개의 버스 운송조합은 '07~'09년 3년간 약 4억 원과 3억 2000만 원을 조합의 운영비에 사용했고, 이는 버스 회사에 지급될 경우 운송적자금액이 줄어 보조금 규모도 작아질 수 있음에도 조합이 유용해 보조금 규모를 증가시키는 결과를 낳았다.
- ○○도 등 4개 광역자치단체와 전라북도 ○○시 등은 운송 원가 산정 용역

을 회계법인과 직접 계약하지 않고 운송조합에 지원한 후 운송조합과 용역 회사가 계약했다.

- 전라북도 한 자치단체는 운행 대수 등을 기준으로 대폐차비가 포함된 포괄적 재정 지원금을 운수업체에 지원했음에도 대폐차비를 별도 항목으로 3년('07~'09)간 34억을 이중으로 지원했다(대폐차비: 노후된 차량을 교체하는 데에 소요되는 비용).

- ○○도는 '09년 △△고속의 적자 노선 손실액은 8000만 원이나, 예산한도액에서 적자 노선 손실액 60%와 차량 보유 대수 40% 기준을 적용해 산정한 후 1억 5000만 원의 보조금을 지급함으로써 실제 적자액보다 7000만 원을 과다 지급했다.

- 충청북도 ○○군은 비수익 노선에 재정 지원금을 지원하면서도 벽지 노선 구간에 손실보상금을 '08년 2억 8000만 원, '09년 3억 원을 중복으로 지급했다.

- 경상북도 ○○시와 ○○시는 비수익 노선에 재정 지원금을 지원하면서도 벽지 노선 구간에 손실보상금을 '08, '09년 2년동안 각각 약400만 원과 1100만 원을 이중으로 지급했다.

- 대구광역시 등은 보조금 사업 계획 심의와 보조금 집행 결과에 대한 정산을 철저히 시행하고 있었으나, ○○도 등 4개 자치단체는 보조금 사용에 대한 정산 절차를 이행하지 않았다.

- ○○광역시 등 심의위원회를 구성하고 있는 대부분의 자치단체는 버스 운송 사업체 관련자가 위원회 위원으로 참여하는 것으로 나타났다.

- 인천광역시 등은 교통 관련 상임위원회 소속 지방의원이 심의회 위원으로 참여하는 것을 배제하고 있으나, ○○광역시 등 7개 자치단체는 참여하고 있다.

- '05년 경기도 ○○시는 영업상의 비밀에 관한 사항이라는 이유로 보조금 지급 내역 공개를 거부했으나 소송에서 패소했다.

- '09년 대전광역시 시내버스 업체 직원 6명이 300여회에 걸쳐 수입금 400여만 원을 탈루해 적발된 사례가 있었다('09년 6월, 《충청투데이》).

- '07년 대전시의 한 교통 회사는 임원을 친인척으로 임명해 290백만 원의 임

원 인건비를 부당 지급해 운송 원가를 상승시켰다('07년 대전시 행정사무조사).

- 인천광역시의 경우 운송 원가에서 접대비를 제외하고 있으나 ○○광역시의 경우 접대비가 '09년 137백만 원이 포함됐고, ○○광역시는 '07~'09년에 원가에 포함된 288백만 원이 운송 경비와 직접적 관계가 없는 경조사비, 화환비 등에 사용됐다.

여기서 관건은 공공 재정 지원의 범위가 단순히 운영 적자의 보전뿐 아니라 사기업의 이윤까지 보장하고 있다는 점인데, 기본적으로 기업의 이윤은 기업의 영업 활동에 따른 결과여야 한다는 자본주의 시장경제의 관점에서 보면 부당한 행위다. 서울시만 놓고 보면 보장되는 이윤 총액이 준공영제 초기에 매년 700억 원 수준이다가 최근에는 조금 줄어든 수준을 유지하고 있다.

실제로 2010년 운송 원가를 기준으로 보장되고 있는 이윤을 보면, 보유비(총운송비에서 운전직 인건비, 연료비, 타이어비의 가동비를 뺀 금액) 총액의 18퍼센트에 이르며, 총운송비를 기준으로 보더라도 4퍼센트 정도다. 이렇게 버스의 운영 구조는 이미 공공 지원이 없으면 유지될 수 없는 구조인데도, 법령을 통해 민간 사업자의 이윤을 보장하는 방식으로 유지되고 있다.

이런 비정상적인 버스 운영 체계는 다양한 문제점을 낳는다. 첫째, 지속적인 요금 인상 압력이 발생한다. 버스 지원금을 축소하려면 요금을 인상하는 방법밖에 없다. 지방정부와 버스 이용 시민 사이의 이해관계가 충돌하는 것이다. 둘째, 인건비는 공공 지원을 통해 받고 지휘와 감독은 급여를 지급하지 않는 사업자가 하는 이상한 노사관계가 형성된다. 사업자는 버스에 종사하는 노동자들을 수익 창출을 위

| 최근 3년간 시내버스 이윤 내역 | | | | | |
|---|---|---|---|---|---|
| 운영 연도 | 이윤 총액 (A) | 재정 지원액 (B) | 이윤 비율 (A/B) | 이윤 | |
| | | | | 기본 이윤 | 성과 이윤 |
| 2007 | 700억 | 1,636억 | 42.8% | 75%(525억) | 25%(175억) |
| 2008 | 704억 | 1,894억 | 37.2% | 70%(493억) | 30%(211억) |
| 2009 | 689억 | 2,900억 | 23.7% | 70%(483억) | 30%(207억) |

한 요소로 보게 되는데, 문제는 현재 서울시처럼 노-사가 유착해 서울시의 공공 재정에 공존하고 기생하는 구조가 만들어진다는 점이다. 셋째, 준공영제의 사업 구조상 실제 이용자인 시민의 참여가 체계적으로 봉쇄되는 구조를 띠게 된다. 또한 경직성을 가중시켜 교통 수요를 관리하기 위한 유효한 정책 수단으로서 버스의 효용을 탈각시키는 효과를 낳고 있다.

특히 최근 경기도지사에 도전한 새정치민주연합 원혜영 의원이 제시한 '광역 버스를 중심으로 하는 버스 공영제 도입 방안'은 기본적으로 지하철 등 대체 교통수단이 증가해 민영 방식으로는 수익성에 한계가 있기 때문에 불가피하게 선택하는 '민간 공급 한계에 따른 공공 지원 방안'으로 볼 수 있는데, 앞으로 버스공영제와 무상교통을 둘러싼 주요한 갈등 소지가 될 수 있다. 수익성의 한계 때문에 버스 공영제가 필요하다는 논리[1]는 버스라는 교통 체계에 매우 보수적으로 접근하는 방식이지만, N버스 도입 사례에서 보듯이 노선의 유연성과 즉각적인 서비스 공급이라는 버스의 장점은 더욱 강조돼야 한다.

1 모창환, 〈버스 운영체제의 비교분석〉, 원혜영 의원실 워크숍, 2014년 2월 11일.

## 무상교통 도입의 장점과 단점

| 구분 | | 장점 | 단점 |
|---|---|---|---|
| 무상 서비스의 비용 | | • 요금 체계 운영과 수집 분배 비용의 절감(소규모 체계에서 더욱 큰 비중을 차지함). | • 소규모 체계의 경우에는 정산 시스템 유지 비용을 넘어서는 편익이 생기지만, 광역 체계에서는 공적 기금을 통해 지원해야 함(텍사스 주 오스틴의 경우 무상교통 체계의 도입 안전 요원 고용 등 부가적인 재정 소요 요인을 발생시킴). |
| 교통 서비스에 미치는 영향 | | • 수송량 기준에서 보면, 기본적으로 자가용 이용자의 흡수가 두드러짐. • 교통 서비스의 측면에서 요금 수납에 집중된 관심이 이용자나 기타 서비스로 나뉘어짐. | • 문제 승객 또는 장기 이용자가 급증하면서, 실제 이용자가 기피하기 시작함. • 자전거, 보행 등을 이용하던 사람들이 단거리에도 교통수단을 이용하게 되며, 승객 안전문제가 불거짐(승객들은 교통 체계에서 정시성보다 안전이 2배 중요하다는 견해를 보임). |
| 서비스의 질에 미치는 영향 | 내부 교통 환경에 미치는 효과 | • 기본적으로 요금을 둘러싼 갈등을 해소시킴. • 요금 장치를 없앤 것만으로도 18퍼센트 정도의 시간을 절약함. | • 안전이나 심리적인 비용의 발생. • 뉴저지 주 트렌튼의 경우에는 노동자의 92퍼센트가 무상교통 이전이 더 좋다고 응답. |
| | 체계 효과성 | • 승객당 비용의 관점에서 보면, 60퍼센트 정도의 부담 완화 효과가 있는 것으로 나타남. | • 무상교통에 따라 통상 30퍼센트 이상의 이용자가 증가하지만, 지원을 고려하지 않은 결과 재정 부담이 과도하다고 느끼게 됨. |
| | 공동체 이미지 | • 교통 이용의 장벽을 없앰. | • 학생들이 학교를 가지 않는 등 부작용이 발생하고, 이런 부작용이 공동체에 오래 남게 됨. |

출처: Jennifer S. Perone, Advantages and Disadvantages of Fare-Free Transit Policy, NCTR, 2002의 내용을 재구성.

## 대중교통의 운영 방식 구분

| 직영 운영 방식 | 도시철도 등 대규모 시설 투자나 유지 관리 비용이 수반되는 경우에는 직영운영 방식이 효과적임. |
|---|---|
| 노동자 자주관리 방식 | 시외 노선 등 광역 범위나 대도시의 간선 체계는 자주관리 방식이 좀더 효과적임. |
| 지역 교통조합 방식 | 마을버스나 지선 노선 등 생활권 중심의 노선은 지역 교통조합 방식이 더 효과적임. |

무상교통이 도입된 해외 도시에서 볼 수 있는 현상은 무상교통 정책이 단 하나의 패키지로 존재하지 않는다는 '토착화'와 일시에 모든 교통수단의 무상화가 진행될 수 없다는 '단계화'의 문제다.

무상교통에서 요금의 무료화는 무상교통 정책의 수단으로 기능하는 측면이 강하며, 따라서 무상화의 수준이 즉각 모든 교통수단에 적용될 수는 없다. 특히 한국의 법령 체계가 지닌 기업 편향성이 교통 정책 분야에도 매우 강하게 작용하고 있기 때문에 현 수준에서 가능한 점진적인 무상교통화 전략을 고려하는 것이 불가피하다. 특히 미국 사례는 부분적이거나 소규모 무상교통망을 시행할 때 고려해야 하는 여러 문제를 보여주는데, 사례 검토를 통해 이런 문제를 회피할 수 있는 정책 방안을 모색할 필요가 있다.

노동당이 제시하는 무상교통은 지방정부가 소유하는 '직영화' 방식을 유일한 대안으로 생각하고 있지는 않다. 실제로 현재 준공영제 체계가 사실상 직영화 체계하고 비슷할 뿐 아니라 준공영제가 시행되지 않는 지역이라 하더라도 관-민 관계를 고려하면 사실상 직영화가 혁신적이리라는 기대를 가질 수 없는 측면이 분명히 있기 때문이다.

또한 미국 사례에서 볼 수 있는 이용자 문제 관리 방안도 공공의 일방적인 관리 방식을 택할 경우 반발을 강화해 사실상 '통제 위주'로 운영되거나 이전 방식으로 돌아갈 내부 요인으로 작용할 가능성이 크다. 따라서 대구 달구벌버스 등의 사례에서 볼 수 있는 노동자 자주기업의 방식이나 영국 등의 사례에서 발견할 수 있는 지역 교통조합 방식을 적극 고민할 필요가 있다. 노동당은 2014년 지방선거에서 마을버스 또는 지역 공동체 버스를 우선 무상교통 대상으로 잡았는데, 교통수단의 지역사회 공동 소유와 운영을 실험할 수 있다는 측면을 고려했다.

다시 말해 무상교통 도입에 따른 다층적인 효과를 종합적으로 고려할 때만 대안적인 사회 정책으로서 무상교통 의제가 다른 사회 정책 의제로 확산될 수 있을 것이다.

**무상교통 로드맵 — 지역 맞춤형 무상교통 방안**

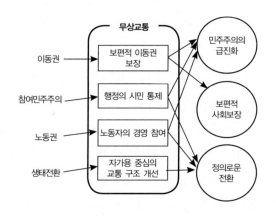

복합적 사회 정책으로서 무상교통은 고착화된 교통 정책 구조 아래 일시에 도입할 수 있는 수단이 아니다. 특히 현재 버스 정책을 규제하는 제도 자체에 중앙정부가 미치는 영향력이 넓고, 버스 노선에 관한 민간 사업자의 권한이 지나치게 보장돼 있다. 더구나 다른 공공 서비스보다 수혜자 부담 원칙이 강하게 작동되는 영역이기도 하고, 자가용 이용자를 고려한 정책의 배타성이 상당히 높아 도입 과정에서 저항이 심할 수밖에 없다. 무상교통은 가능한 수준에서 점진적으로 도입하되, 도입 시기부터 명확한 원칙과 로드맵을 제시해야 한다.

우선 지방선거의 목적에 부합하는 방식대로 재정 구조의 측면과 운영 방식의 측면에서 노동당의 제안을 살펴보자.

### 재정 구조

– 현행 버스 준공영제 등 재정 지원 구조의 활용  현재 버스 준공영제에 따라 지원되는 재정금이 운영 손실을 보상해주고 있는 구조이며, 이것은 완전 공영제 전환을 용이하게 만들어주는 현실적인 조건이다. 서울시만 놓고 보면, 중복된 관리비와 임원직 임금 보장 등을 감안할 경우 연간 1000억 원 규모의 예산을 절감할 것으로 추산된다.

– 교통사업특별회계 등 공공 재원의 재편  도시교통정비촉진법 제49조에 따라 설치된 도시교통사업특별회계는 사용 용도가 정해져 있는데, 그중 교통 수요 관리에 관련된 내용은 지정돼 있다.

---

제43조(교통 수요관리 조치의 내용) 시장은 특별관리구역의 교통혼잡이나 특별관리시설물에 따른 교통혼잡을 완화하기 위해 다음 각 호의 조치를 시행할 수 있다.
1. 제35조에 따른 혼잡통행료의 부과·징수
2. 제37조제2항에 따라 조례로 상향 조정한 교통유발부담금의 부과·징수
3. 제48조에 따른 부설주차장의 이용제한 명령
4. 그밖에 일방통행제의 실시, 신호체계의 개선 등 대통령령으로 정하는 통행여건 개선 및 대중교통 이용촉진을 위한 시책의 실시

---

그런데 서울시는 조례로 교통관리계정, 교통개선분담금계정, 주차장관리계정, 교통방송계정 등으로 회계 내 계정을 분리하고 있다. 회계의 내용을 별도의 칸막이를 쳐 활용할 수 있다는 사실을 보여주는 사례다.

| 계정명 | 세입과 세출 |
|---|---|
| 교통관리계정 | ① 교통관리계정의 세입은 다음 각 호의 수입으로 한다.<br>1. 법 제36조에 따라 징수한 교통유발부담금<br>2. 〈여객자동차 운수사업법〉 제88조 및 〈화물자동차 운수사업법〉 제21조에 따른 과징금<br>3. 〈여객자동차 운수사업법〉 제94조 및 〈화물자동차 운수사업법〉 제70조에 따라 시장이 부과한 과태료<br>4. 1993년 7월 31일 이전에 부과돼 체납된 제1호 및 1992년 12월 31일 이전에 부과돼 체납된 제2호와 제3호 중 1996년 1월 1일 이후의 징수분<br>5. 법 제35조에 따른 혼잡통행료<br>6. 국고보조금<br>7. 일반회계로부터의 전입금<br>8. 〈교통안전법〉 제65조에 따라 시장이 부과한 과태료<br>9. 재정투융자기금 등으로부터의 차입금<br>10. 기타 수입금<br>② 교통관리계정의 세출은 다음 각 호의 지출로 한다.<br>1. 회계의 목적에 부합하는 사업 및 관련보조사업<br>2. 〈도로교통법〉 제3조에 따른 신호기 및 안전표지의 설치·관리에 관한 사업<br>3. 여객자동차 공영화 운영에 필요한 사업<br>4. 여객자동차 대기오염 방지시설 및 차량 대폐차(대폐차: 차령이 만료된 차량 등을 다른 차량으로 대체하는 것을 말한다)와 시설개선 및 경영개선에 필요한 자금 보조 및 융자와 〈여객자동차 운수사업법〉 제88조제4항 각 호의 사항<br>5. 혼잡통행료제도 시행에 필요한 사업<br>6. 제6조제1항제9호 및 제10조에 따른 차입금 상환 |
| 주차장관리계정 | ① 주차장관리계정의 세입은 다음 각 호의 수입으로 한다.<br>1. 〈주차장법〉 제9조제1항과 제3항 및 제14조제1항에 따른 주차요금 등의 수입금 〈개정 2011.7.28〉<br>2. 일반회계로부터의 전입금<br>3. 국고보조금<br>4. 〈주차장법 시행령〉 제15조에 따른 〈지방세법〉 제112조(같은 조 제1항제1호는 제외한다)에 따른 재산세 징수액의 100분의 10에 해당하는 금액<br>5. 〈도로교통법〉 제160조에 따른 과태료의 징수금<br>6. 주차관련 수입금<br>② 주차장관리계정의 세출은 다음 각 호의 지출로 한다.<br>1. 공영주차장의 설치·운영 및 관리에 필요한 비용<br>2. 공영주차장의 운영 또는 관리를 위탁하는 경우 수탁자에 대한 운영 또는 관리에 필요한 비용의 보조 및 융자<br>3. 노외주차장·부설주차장을 설치·운영 또는 관리하는 자에 대한 설치·운영 또는 관리에 필요한 비용의 보조 및 융자<br>4. 주차 환경의 개선에 필요한 사업 등<br>5. 제10조에 따른 차입금의 상환 |

| | |
|---|---|
| 교통개선<br>분담금계정 | ① 교통개선분담금계정의 세입은 〈대도시권 광역교통관리에 관한 특별법〉 제7조 및 제7조의2에 따라 개발사업의 시행자가 납입하는 교통개선사업비와 〈도시교통 정비 촉진법〉 제15조의 규정에 따라 교통영향분석·개선대책의 수립대상사업을 시행하는 자가 납부하는 교통개선사업비 등으로 한다.<br>② 교통개선분담금계정의 세출은 해당 광역교통개선사업의 시행과 교통영향분석·개선대책의 수립대상사업의 해당 교통개선에 필요한 비용 등으로 지출한다. |
| 교통방송계정 | ① 교통방송운영계정의 세입은 다음 각 호의 수입으로 한다.<br>1. 광고방송 수입<br>2. 일반회계로부터의 전입금<br>3. 국고보조금 및 국가 또는 다른 회계로부터의 융자금<br>4. 기채(기채 공채모집) 및 차입금<br>5. 교통방송재산의 매각대금 및 사용수익금<br>6. 방송사업의 수입<br>7. 기타 회계의 운용에 따른 수입금<br>② 교통방송운영계정의 세출은 다음 각 호와 같다.<br>1. 교통방송의 운영<br>2. 방송시설의 설치·운영 및 관리<br>3. 교통방송 및 교통문화의 정착을 위한 각종 사업·행사의 수행 및 지원<br>4. 방송제작과 방송제작에 필요한 전속단체 및 통신원 등의 운영·관리 및 육성<br>5. 기채·차입금 및 융자금의 상환<br>6. 방송에 관한 조사·연구 및 개발<br>7. 교통소통 촉진을 위한 사업<br>8. 그 밖에 교통방송에 필요한 사업 |

교통사업특별회계의 사용 현황을 살펴보면, 2010년 회계연도 결산서를 기준으로 수입은 1조 원가량이 되고, 이 중 주차요금 수입이 147억, 통행료 수입이 166억, 이자 수입이 60억, 기타 회계 전입금이 7346억, 부담금 수입이 1830억, 과태료 등 잡수입이 140억, 국고보조금이 508억 원 정도다. 세출을 보면 교통방송에 408억, 버스중앙차로제에 529억, 도심 순환 자전거전용도로에 208억, 주차장 건설과 운영 관리에 602억, 택시요금 카드결제 활성화에 91억, 택시 콜서비스 지원에 171억 원(대부분 민간 이전), 버스 운송비 지원 등으로 2178억이 지출됐다(광역교통회계로는 광역철도 건설 부담금이 799억, 주차장 확충이 516억). 부담금의

성격으로 보면 교통관리계정의 혼잡통행료와 교통유발부담금은 대중교통 육성을 위해 사용하는 게 타당하므로 해당 계정에서 분리해 대중교통육성계정을 별도로 만든다면 연간 2200억 원 정도의 계정을 배정할 수 있을 것이다(물론 단순한 계정 분리가 아니라 기존의 교통사업특별회계의 사업 중에서 일반회계를 통해 관리해야 되는 사업들을 분리해 내는 작업하고 병행해야 한다).

- 요금 체계의 유지에 따른 비용  스마트카드사를 통한 정산 수수료 등을 고려해 여기 드는 비용을 감안하면 추가적인 재정 효과를 노릴 수 있다. 장기적으로 현재 버스카드 제도 자체가 일방적으로 이용자에게 부담을 전가하는 방식의 요금 구조라는 점을 감안해, 버스카드 정산 시스템의 존폐를 기회비용으로 추산할 수 있을 것이다.

### 운영 구조

버스 노동자의 임금을 사회적으로 결정하는 시스템에서 개별 사업주가 인사권을 독점하는 구조는 다양한 문제를 가져오는데, 대표적인 것이 고용 구조의 왜곡이다. 서울의 사례를 보면 상대적으로 인건비가 인원 수에 고정돼 있는 운전직과 대별 단가로 고정돼 있는 정비직 인력 사이에 고용 현황에서 큰 차이가 있다.

운영 구조 측면에서 공영제를 전제로 하는 무상교통 방식은 이런 고용 구조의 왜곡 현상을 시정할 수 있는 장점이 있으며, 이것은 교통 수단의 안전 문제에 직결된다. 더 나아가 버스 운영 체계를 도시철도 등에 통합하는 대중교통공사 방식의 기구 통합으로 발전시키는 데도 버스를 매개로 하는 무상교통 방식은 중요한 정책 수단이다. 이런 논

| 한국스마트카드의 연도별 손익 분석(단위: 백만 원) | | | | | | | |
|---|---|---|---|---|---|---|---|
| 과 목 | 2005년 | 2006년 | 2007년 | 2008년 | 2009년 | 2010년 | 2011년 |
| 매출액 | 30,453 | 45,953 | 65,553 | 90,363 | 118,436 | 150,812 | 182,951 |
| 영업이익 | −15,101 | −4,666 | 6,721 | 5,602 | 9,440 | 11,033 | 12,782 |
| 영업외수익 | 879 | 1,046 | 1,116 | 1,792 | 2,307 | 985 | 3,155 |
| 영업외비용 | 5,264 | 5,167 | 6,550 | 3,591 | 5,066 | 1,887 | 1,023 |
| 당기순이익 | −19,486 | −8,787 | 1,286 | 3,803 | 6,681 | 13,993 | 12,026 |
| 누적이익 | −31,454 | −40,242 | −38,956 | −35,153 | −28,472 | −14,479 | −2,453 |

출처: 이영수, 〈서울시 교통카드사업의 문제점과 공영화 추진방안〉, 운수노동정책연구소, 2012.에서 재인용

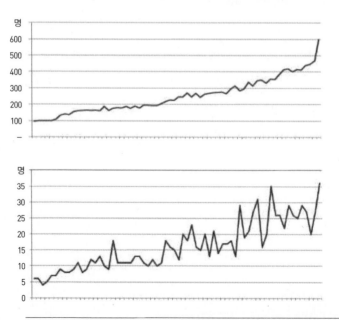

차량규모별 운전직(위), 정비직(아래) 인력 현황(2012년 현재, 단위: 명)

출처: 현대산업경제연구원, 앞의 글.

의를 바탕으로 노동당의 무상교통 도입에 관련된 로드맵을 크게 3단
계로 구상해보자.

1단계: 사업자 이익을 위한 보조금 구조 — 마을버스 무상화
- 기존 지간선 버스 사업자 '3진 아웃제' 도입, 노선 환수 실시
- 시범 공영 노선을 통한 표준 운송 원가 산정과 인력 급여 직접 지급
  구축
- '마을버스 운영위원회' 설치를 통해 사회적 관리 방안 마련

2단계: 사업성에 따른 미설치/폐쇄 노선 운영 — 공영 노선 도입(지선 위주)
- 기존 민간 사업자의 노선 중 지선 노선 매입과 신설 흡수
- 자주관리 또는 지역조합 방식의 사회적 관리 체계 구축

3단계: 버스 노선 재구조화를 통한 지선 노선과 마을버스 통합 공영화
- 기존 마을버스와 지선 체계를 생활권 중심의 권역별 버스센터로 통합
- 간선 노선의 점진적 환수와 매입

# 5장 준공영제, 구조화된 비리를 부른다

## 버스 준공영제라는 이상한 제도

버스 준공영제는 '2004년 7월 시내버스 체계 개편을 통해 서울에서 전국 최초로 도입한 제도로 버스 운영을 민간의 자율에 맡기는 민영제와 버스 회사를 지자체 또는 산하 공기업에서 경영하는 공영제의 장점을 결합한 운영 시스템'이다(서울특별시 누리집). 준공영제는 버스 노선 체계 개편, 정보기술의 접목, 통합 환승 할인제, 차량 정류장 전용 차로 등 인프라의 확충을 핵심으로 하며, 준공영제 아래에서 모든 회사의 운송 수입금은 공동 관리하고, 2014년 버스 정책시민위원회를 거쳐 확정되는 표준 운송 원가에 따라 산정된 총비용 대비 총수입의 부족분을 서울시 예산으로 보전하게 된다.

서울시는 버스 준공영제의 성과로 2004년 이후 교통사고가 48퍼센트 감소하고, 시민 만족도는 25.3퍼센트 향상됐으며, 버스를 이용하는 시민들에게 2조 3415억 원의 환승 할인이 제공되는 성과가 있었다고 평가하고 있다.

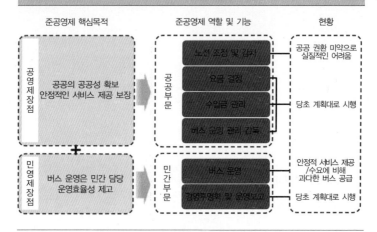

출처: 서울연구원, 〈서울시 버스 준공영제 발전 방안〉, 2012.

문제는 공영제와 민영제의 장점을 취합한다는 준공영제가 오히려 공영제의 단점과 민영제의 단점을 강화하고 있다는 사실이다. 우선 현재 버스 정책에서 핵심 과제는 노선과 버스 총량 관리라고 할 수 있다. 그런데 현재 노선 독점권은 여전히 민간 버스 업체에서 가지고 있다. 전체 노선 363개 중에서 그나마 서울시에서 통제할 수 있는 입찰 노선은 17개에 불과[1]하고 공동 배차 노선 역시 25개뿐이다.

서울시가 노선의 공공 통제권을 확보하지 못한 상황에서 버스의 총량 관리 역시 지지부진해서, 2005년 현재 69개 업체에 7792대이던

---

[1] 그나마 제한적으로 주간선축에 대한 입찰 노선을 관리해오던 서울시는 아예 일반 면허로 전환을 추진하고 있다. 2010년 6월 입찰 간선버스 운영 협약서를 변경하면서 "한정면허 기간 만료 후 공정한 심사 절차를 거쳐 특별한 하자가 없는 경우 일반 시내버스 운송사업면허를 부여한다"라는 조항을 삽입했다.

면허[2]는 2012년 현재 66개 업체에 7534대로 변화했을 뿐이다. 노선 수만 비교하면 2005년 427개에서 2012년 365개로 줄어들어 사실상 업체의 총량적 조정보다는 수익성에 따른 노선 조정만이 진행된 사실을 보여준다.

애초 버스 정책의 공공성을 강화하는 한편 무리한 적자 운영으로 시민의 발인 버스 요금을 인상하게 하는 상황을 타개하려고 도입한 버스 준공영제는 오히려 버스 업체의 수익을 보장해주는 제도로 내용과 성격이 변했다. 버스 준공영제의 효과라고 할 수 있는 통합 환승 요금제는 스마트카드로 요금 지불 체계를 변경하면서 요금을 30퍼센트 가량 인상한 요금 체계 다변화의 결과로, 버스 준공영제에 상관없이 도입될 수 있는 제도였다.[3]

다음으로 버스 업체의 축소를 통해 규모의 경제를 실현하는 데 실패하고 등록 면허 관리를 통한 버스 총량 관리 역시 실패했으면서 오히려 14.5퍼센트에 해당하는 62개 노선이 줄어들었다. 버스 업체가 준공영제 아래에서 적자 노선을 줄이는 한편 수익이 나는 노선을 중심으로 배차 간격을 줄이는 방식으로 집중 운행한 사실을 보여준다. 사실상 노선 축소가 시민의 교통 접근권의 질적 하락을 가져 오는 만큼 버스 준공영제가 오히려 시민들의 교통권을 침해하고 있다는 평가도 가능한 셈이다.

실제로 서울시는 2009년 7월 출퇴근 시간 연계형 맞춤 버스 15개 노선을 일괄 폐선한 뒤 노선 단축과 폐선을 지속하고 있다. 문제는 이

---

2  건설교통부 대중교통팀, 〈통계자료〉, 2006.
3  요금 개편안의 핵심은 거리비례제였다. 주행 거리 10킬로미터당 기본요금 800원에 갈아 탈 경우 5킬로미터당 100원의 요금이 추가되는 방식으로, 총액 기준으로 봐도 막대한 요금 인상이었다.

런 단축과 폐선이 대부분 강북 지역의 대중교통 사각지대를 중심으로 나타나고 있다는 사실이다. 지난 2012년 노원구 월계동을 종착지로 하는 3개 노선이 폐선 처리됐고, 2011년 상반기 노선 정비에서도 업체 요구에 따라 17개 노선이 단축 운영됐다.

이런 상황에서 2012년 현재 버스 노선 중 81퍼센트가 적자로 운영되고 버스 1대당 하루 평균 8만 1062원의 적자[4]가 나고 있지만, 버스 업체 대표들이 2011년 평균 2억 원 이상의 고액 연봉을 받는 것은 물론이고 1억 원 이상 연봉을 받는 대표도 전체 66개 회사 111명 중 47개 회사 62명에 이르는 것[5]으로 나타났다. 이런 상황에서 2011년에는 서울시 보조금으로 자기 집 축대와 담장을 고치고 개집을 제작하는 데 635만 원을 사용한 버스 회사 대표가 적발됐고, 고급 오토바이 트레일러를 제작하고 본인 소유의 수입차 엔진을 개조하는 데 보조금을 사용한 사례가 있다는 의혹이 제기됐다.

또한 최근 검찰은 아내를 직원으로 올려 매년 적자 보전금을 받아오고 2003년부터 최근까지 매년 약 6000만 원씩 6억 원 이상의 부당 이득을 챙긴 혐의로 어느 버스 회사 대표를 수사 중[6]이라고 밝혔다. 특히 2008년에는 서울시가 자체적으로 밝힌 현금 수입금 횡령만 9개 회사 9건에 횡령 금액만 2억 4000만 원에 이른다.[7] 더구나 시민의 발인 버스를 운영하는 데 필수적인 운전직, 정비직 노동자의 인건비까지 책정해 지급하는 과정에서 보조금을 불법으로 지급받기 위해

4 〈서울시, 버스 회사에 9년간 1조7천억 지원〉, 《연합뉴스》 2012년 10월 18일.
5 〈시내버스 3000억대 적자에도 사장 연봉은 2억〉, 《한겨레》 2013년 1월 17일.
6 〈서울버스 업체 대표 횡령 혐의로 고발당해〉, 《머니투데이》 2013년 3월 22일.
7 서울시, 〈시내버스 현금 수입금 횡령행위 뿌리 뽑는다〉, 2008년 3월 6일.

부당 노동 행위를 서슴없이 저지르는 사례가 발생하고 있다.

특히 부당 해고 문제로 논란이 된 한남운수의 사례는 시민들의 세금을 받아 운영되는 버스 업체를 사실상 대표이사 일인이 법과 규정을 무시한 채 독단으로 운영되고 있다는 사실을 보여준다. 현재 버스 준공영제는 기존의 민영 체계에 공공 통제를 핵심으로 하는 공영제 제도를 덧붙인 형태가 아니라, 공적 자금을 지원하기 위해 형식적으로 공영제의 틀을 차용한 것에 불과하다.

공적 지원의 반대급부로 버스 업체의 보조금 사용과 운행 방식 변경에 공공 통제는 필수적이며, 무엇보다 서울시의 버스 정책 장기 비전에 따라 적극적인 시장 조정이 진행돼야한다. 그러나 지금은 권한은 없고 의무만 있는 '이상한 준공영제' 형태를 띠고 있다. 그 결과 시민의 세금으로 조성된 보조금을 받고도 회계상의 적절한 통제를 받지 않는 전횡이 가능하며, 이 과정에서 각 사업장의 사업주는 보조금에 기대어 편법으로 회사를 운영하고 있는 실정이다.

그럼 버스 준공영제 아래의 버스 업체가 보조금을 편법으로 사용한 가능성을 알아보고, 이 문제를 적극적으로 해결할 방법으로 '완전 공영제를 정책 전망으로 하는 버스 준공영제의 확대 방안'을 제안하려 한다.

### 서울시 버스 준공영제의 문제점 ― 제도 운영

현행 버스 준공영제의 여러 특징을 포괄적인 제도 운영의 측면과 인건비 지급 현황의 측면에서 살펴보자. 포괄적인 제도 운영을 통해서는 현행 버스 준공영제가 사실상 민간 버스 업체에 특혜에 가까운 지원을 할 뿐 제대로 된 공적 통제가 이루어지고 있지 않은 점이 부각될 것이고, 인건비 지급 현황을 통해서는 표준 운송 원가가 정해져 있는데도 업체 간에 인건비 격차가 심각한 상황이 현행 표준 운송 원가가 크게 '왜곡'돼 운영되고 있는 간접 증거라는 사실을 확인할 수 있을 것이다.

**포괄적인 제도 운영의 문제**

현재 버스 준공영제에 따라 지급되고 있는 보조금의 규모는 2000억 원 내외로, 2009년에 가장 높다가 점차 줄어들더니 2012년에 다시 3000억 원 규모로 늘고 있다. '적자 보전분=재정 지원금'이라는 기준에 따라 지급해야 하는 규모 기준으로 하면 매년 3000억 원을 넘어서는 보조금이 지급되고 있는 것으로 볼 수 있다.

2011년에 지원금 규모가 커진 이유는 체납비용이다. 실제 지급액하고는 별도로 매년 지원되는 규모는 차이가 있다. 이 차액이 부채로 계산되는데, 2011년만 하더라도 지급액은 2222억 원이지만 보조금의 실제 규모는 3000억 원으로 나타났다. 이 경우 차액이 부채가 되는 구조다. 실제로 전년도 적자액과 재정 지원액의 차액인 이월액은 2007년에 455억 원, 2008년에 468억 원, 2009년에 554억 원, 2010년에 31억 원, 2011년에 1198억 원에 이르는 것으로 나타났으며, 사실상 '부채'로서 지속적인 재정 부담 요인이 되고 있는 실정이다.

2012년 3월 29일 '2012년 표준 운송 원가'를 확정하면서 2011년 대비 이윤에서 254억 원을 줄이고(687억→433억), 임원 인건비에서 12억 원(96억→84억), 일반 경비에서 39억 원(392억→353억)을 줄이

| 버스 준공영제 지원금 현황 | | | | | | | | |
|---|---|---|---|---|---|---|---|---|
| 년도 | ~2004 | 2005 | 2006 | 2007 | 2008 | 2009 | 2010 | 2011 | 2012 |
| 억 원 | 816 | 2,221 | 1,950 | 1,636 | 1,894 | 2,900 | 1,900 | 2,222 | 2,809 (잠정) |

| 운송 수입과 재정 지원 현황 | | | |
|---|---|---|---|
| 구분 | 2011 | 2010 | 2009 |
| 운송 수익금(억 원) | 11,228 | 11,040 | 11,332 |
| 재정 지원금(억 원) | 2,224 | 1,900 | 2,900 |

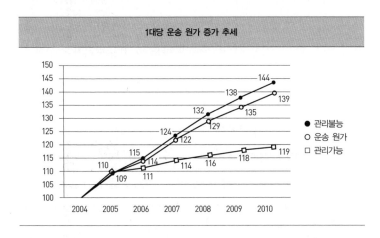

1대당 운송 원가 증가 추세

는 등 모두 305억 원을 줄인 것으로 나타났다. 그러나 정비비나 차고
지비 등이 52억 원 늘어 사실상 253억 원을 줄였을 뿐이다. 2012년에
는 2809억 원 수준으로 다시 높아지고 있는 형편이다.

운송 수익금은 높아져도 재정 지원금이 줄어들기는커녕 늘어나는
보조금의 비역진성도 뚜렷하게 나타나고 있다. 실제로 운송 수입과

재정 지원 현황[8]을 보면, 2011년에 버스 업체가 자체적으로 벌어들인 운송 수익은 1조 1228억 원으로 2009년에 견줘 조금 낮지만 전년도보다는 200억 원가량 늘었다.

그런데도 오히려 재정 지원금은 2010년에 견줘 300억 원 정도가 늘어난 것을 확인할 수 있다. 현행 버스 준공영제가 전체 운영 수익에 연동되는 '수익 연동형'이 아니라 운행 대수에 연관되는 '원가 연동형'인 탓에 수익에 상관없이 버스 차량을 운행하면 그만큼 보조금이 늘어나기 때문이다.

1대당 표준 운송 원가가 빠르게 상승해 2004년에서 2010년까지 35.3퍼센트에 이르렀다. 구조적인 원인으로 운전직 인건비, 연료비 등 관리 불능 경비가 지속적으로 상승한 탓도 있지만, 관리가 가능한 이윤, 보험료, 관리직 인건비 등도 최초 운송 원가 산정 시점에 과다하게 편성했기 때문이다. 앞서 살펴본 대로 기본적으로 보조금 책정 자체가 원가 연동제이기 때문에 원가 상승이 그대로 보조금의 상승으로 이어지고 있는 것이다.

그렇다면 버스 보조금 관리의 핵심은 바로 '원가 산정'의 적정성과 업체별 요구액의 사후 검증 시스템이라고 할 수 있다. 그러나 현재까지 서울시가 운영하는 버스 준공영제에서는 이런 노력이 크게 보이지 않는다. 2012년 상반기에 표준 운송 원가를 개편하면서 보조금 규모 자체를 조정하기는 했지만 이는 일시적인 비용 조정일 뿐이지 불법적인 전용 또는 이용이나 원가 부풀리기 자체를 사후 검증할 수 있는 시스템을 도입한 것은 아니다.

---

8   서울시, 〈운송 수입 및 재정 지원현황〉, 2012년 7월. 정보 공개 요청 자료.

서울시가 자체적 조사한 결과를 보더라도 관리비와 관리직 인건비, 보험료 등이 임원 등 인건비로 전용되는 상황이 나타났으며, 인건비만 놓고 보면 2008년 대비 2010년에 임원의 인건비 상승은 운전직과 관리직이 2~3퍼센트 대인 데 견줘 3배에서 4배에 이르렀다.[9] 실제로 원가 요소별로 전용을 해 임원 보수를 높이는 방식으로 보조금 전용이 진행돼 전체 인건비 중에서 임원 인건비 비율이 급격하게 상승한 것을 확인할 수 있다. 특히 운전직 노동자들의 인건비를 기준으로 임원들의 급여를 편성하는 점을 고려하면, 운전직 인건비의 상승은 사실상 임원 급여 인상하기 위한 절차에 불과하다고 볼 수 있다.

이런 구조는 현행 표준 운송 원가 책정 방식에 기인한다. 2009년부터 2011년까지 차량별 1대당 표준 운송 원가 산정표[10]를 보면, 대당 임원 급여는 2906원으로 변함이 없다. 그런데도 실제 임원들의 임금은 높아졌다. 예산 전용이 심각하게 발생했다는 것을 의미한다.

주주 배당 현황을 보더라도 다른 기업에 견줘 상당히 높은 수준의 배당 성향을 보이고 있다. 특히 부채 비율이 높은데도 매우 높은 배당 성향을 보이는 등 버스 업체 사업주들의 도덕적 해이가 절정에 다다른 상황이다. 서울시가 19개 업체를 실사해 확인한 자료에 따르면 공기업이 15퍼센트 정도의 배당 성향을 보이는 반면 조사 대상 업체의 절반 이상이 더 많은 배당을 했으며, 특히 60퍼센트 이상의 배당을 하는 곳도 5개 업체가 있었다.

이런 고질적인 문제들은 사실 서울시가 운영하는 부실한 관리 기

---

**9** 서울시, 〈시내 마을버스 표준 운송 원가 산정 학술용역 추진사항 결과보고〉, 2012년 1월 20일.
**10** 서울시, 각년도 표준원가 산정표. 정보 공개 자료를 활용함.

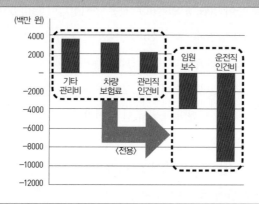

원가 요소 간 전용 실태

(백만 원)

〈전용〉

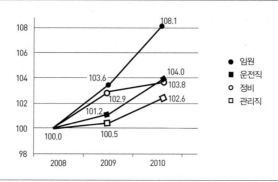

2008년 대비 2010년 인건비 점유지수 변화 추세

● 임원
■ 운전직
○ 정비
□ 관리직

108.1

104.0
103.8
102.9
102.6
103.6
101.2
100.5
100.0

2008    2009    2010

구에 주로 기인한다. 현행 비스 준공영제에서 가장 중요한 관리 기구
는 운송 수익금을 관리하고 운송 원가에 맞춰 재정 보조금 규모를 산
정하는 '수익금공동관리협의회'와 서울시 조례에 따라 설치돼 운영되
고 표준 운송 원가 산정표와 보조금 규모를 심의하는 '서울시 버스
정책시민위원회'다. 수익금공동관리협의회는 서울시버스 운송 사업자

조합 내부의 기구이기 때문에 구조상 아예 서울시의 공적 통제에 벗어나 있는 만큼 논외를 하더라도, 매년 지급액을 결정하는 버스 정책 시민위원회도 문제가 크다.

2012년 버스 정책시민위원회의 구성을 보면, 학계 전문가 10명, 시민단체 활동가 7명, 직능대표 5명, 시의원 5명, 버스 사업자 5명, 운수 종사자 대표 1명, 경찰청과 교육청, 서울시 1명씩 모두 35명으로 구성돼 있다. 학계 전문가 중에는 서울시 연구 용역을 수행한 이와 손해보험 업계의 연구 용역 등 관련 업계 이해관계가 있는 사람이 있으며, 또 연구원 몫 역시 한국건설기술연구원, 교통연구원, 시정개발연구원 소속이다. 시민단체 활동가는 녹색교통, 녹색소비자연대, YMCA, 전 서울시교통방송 본부장 출신, 전직 서울시 디자인 서울클리닉위원이 포함돼 있고, 변호사, 공인회계사 등 직능대표들도 많다. 시의원과 버스 사업자가 각각 5명 포함돼 있으며, 그나마 종사자 대표로는 1인이 있을 뿐이다. 이용자의 관점이 전혀 부재하고, 업체의 이해관계를 대변할 개연성이 높은 위원 구성이라고 할 수밖에 없다.

회의 내용 역시 심의와 의결을 위한 정례적인 수준을 벗어나지 못하고 있다. 실제로 버스 정책시민위원회 회의 현황을 보면, 2010년에 정책 분과가 3차례, 노선조정 분과가 2차례, 경영합리화 분과가 1차례 열렸고, 2011년에는 정책 분과가 3차례, 노선조정 분과가 2차례, 경영합리화 분과가 1차례 열렸을 따름이다. 2012년에도 새롭게 추가된 서비스시설개선 분과의 회의가 늘어났을 뿐 기존 분과의 질이 높아진 것은 아니다.

서울시는 2012년 2월에 관련 조례를 개정해 버스 정책시민위원회의 위상을 강화하겠다고 했지만 여전히 뚜렷한 성과를 보이지 않고

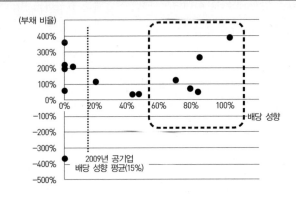

**시내버스 업체 부채 비율 및 배당 성향**

(부채 비율)

배당 성향

2009년 공기업
배당 성향 평균(15%)

출처 19개 업체 실사 결과 자료.

있다. 조례에 따르면 위원 임기가 1년이어서 1년에 1~2차례의 회의만
으로 서울시 버스 정책에 관련된 사항을 심의하고 결정한다는 것은
사실상 불가능하다.[11] 유명무실 위원회에 형식적인 거수기에 불과하
다. 2013년 상반기에 개최된 몇 건의 회의를 보면 대부분의 위원이 적
극 의사를 개진하지 않고 안을 제출한 행정부가 주도하는 행태를 확
인할 수 있다.

특히 감사원 감사 결과에 따른 후속 조치를 다루는 경영합리화
분과는 사실상 감사원의 감사 결과를 무시하고 관행을 사후 추인하
는 기능만 했다. 정책위원회 역시 2012년에는 서울시가 제시한 금액
보다 9억 원 높게 수정하는 등 사실상 업계의 의견이 강하게 관철되

---

**11** '서울특별시 버스정책 시민위원회 조례' 제4조. 임기는 1년이지만 연임 규정이 있어, 사실상 위원을
위촉하는 행정부가 위원회를 통제할 수밖에 없는 구조다.

| 버스 정책분과위원회<br>(2013.2.6.) | 경영합리화분과<br>(2013.2.21.) |
|---|---|
| • '12년 시내버스 회사 평가 성과 이윤 지급 방식을 변경하는 안건으로, 행정부 제출 원안으로 통과됐음.<br>• 교수 4명, 연구원 2명, 변호사 2인, 시민단체 2인, 회계사 1인, 버스 업체 1인으로 구성됨. | • 운송 수입금 관리 및 운송비용정산방식 개선안 심의 안건으로, 감사원의 감사 결과에 따라 조기 대폐차 수익금의 환수에 대해서는 '실익이 없다'는 이유로, 부대사업을 명확히 하라는 주문에 대해서는 '기관장 판단 사항으로 그것에 구속받을 필요가 없다'는 식으로, 노조 후생복지 지원금에 대해서는 '본회의를 심의 절차로 갈음한다'는 내용으로 통과됨.<br>• 교수 1인, 시민단체 3인, 변호사 1인, 회계사 1인, 사업체 1인 등으로 구성됨. |

출차: 서울시 누리집에 공개된 회의록을 분석함.

는 구조다. 이런 관리 기구의 부실에 이어 표준 운송 원가의 개선 역시 매우 제한적으로 진행돼 사실상 버스 준공영제에 관한 염려들을 불식시키기에는 한계가 있는 것으로 나타났다.

대부분의 항목은 대당 표준가를 적용하는 방식으로 산정되고 있으며, 거리당 표준가로는 타이어비와 정비비, 실제 사용량으로는 연료비를 지급하고 있다. 이런 보조 근거에 따라 사업자는 기본적으로 차량 보유 대수를 기준치 이상으로 유지하려는 유인이 발생하고, 연료 사용량을 절감하는 등 원가를 절감하려 노력할 유인이 부재하게 된다. 문제는 실제로 연료비 정산에서도 표준편차가 심각해서 점검이 필요한데도 '서울시의 노선별 굴곡과 주행 환경의 차이'를 근거로 적용이 힘들다고 밝히고 있는 형편이다.[12]

애당초 표준 운송 원가 자체가 2004년 준공영제를 도입하면서 버스 운송 사업자 측과 협상의 결과로 산정된 한계 탓에 현재 적용되는

---

12  서울시의회, 도시교통본부, 2012년 행정사무감사 회의록.

| 표준 운송 원가 산정 기준(2011년 기준) | | |
|---|---|---|
| 대당 편성 | 거리당 표준가 | 실 집행 |
| 급여(운전직, 정비직, 관리직, 임원), 차량보험료, 감가상각비, 기타 차량유지비, 차고지비, 기타관리비, 이윤 | 타이어비, 정비비 | 연료비 |

표준 운송 원가 역시 구조적으로 '협상'에 따라 조정된 비용일 수밖에 없다. 표준 운송 원가가 크게 변화했다는 2012년 개선안을 보더라도 이윤만 일시적으로 축소했을 뿐, 매년 하방 경직성이 적용되는 비용은 더 인상되는 구조를 보였다. 감액 현황을 보면, 이윤이 254억 원, 임원 인건비가 12억 원, 일반 경비가 39억 원 줄어 전체 305억 원인 반면 반면 증액은 정비비와 차고지비 등 52억 원이었다.

흥미로운 것은 애초 서울시가 표준 운송 원가를 재산정하려고 실시한 용역 결과[13]에 견줘 이윤 산정 방법이 상당히 변경된 점이다. 연구 용역에서 제시된 산정 방식은 자기자본에 적정 이윤을 보장해주는 방식이었지만, 실제로 협상 과정에서 합의된 사항은 총운송 수입에서 3.86퍼센트를 이윤으로 보장하는 것이었다.

이렇게 이윤 산정 방식을 바꿀 경우 150억 원가량의 감소폭이 줄어들게 되는데, 사실상 서울시가 자체 연구 용역 결과를 놓고 버스 운송 사업자를 상대로 협상하는 과정에서 대폭 양보한 게 아닌가 의심하게 했다.

13 서울시, 〈시내마을버스 표준 운송 원가 산정 결과보고〉, 2012년 1월 20일.

이윤: 402억 원 감액

▶ 표준단가 조정: 전년 대비 58.6% 감액(24,980원→10,346원)

▶ 이윤 산출 방식 변경: 필요자산×9.27%→자기자본×7%

## 인건비 지급 현황의 문제

다음으로 서울시가 표준 운송 원가를 통해 '대당 단가' 방식으로 인건비를 통제하는데도 나타나는 업체별 인건비 편차[14]를 살펴보자. 표준 운송 원가로 개별 버스 업체의 지출 구조를 투명하게 관리하고 보조금 지출을 통제한다는 준공영제의 취지가 제대로 구현되고 있는지 알아보고, 과도한 편차가 나타날 경우 준공영제의 실패를 보여주는 간접적 증거로 간주하겠다.

– 정비 노동자 인건비 상위 1순위인 도선여객은 정비직 노동자 인건비 총액이 7억 8000만 원이고 고용 인원이 13명으로, 1인당 인건비가 연간 6000만 원에 이른다. 반면 하위 1순위인 보영운수는 정비직 노동자 인건비 총액이 4억 7000만 원이고 고용 인원이 18명이기 때문에 1인당 인건비가 2600만 원 수준이다. 상위 1순위와 하위 1순위 간 인건비 격차는 3400만 원으로, 2.3배에 이른다.

도선여객 등 상위 업체들의 정비직 인건비가 과다 계상됐을 가능성이 매우 크다. 실제 고용 인원보다 많은 정비직 노동자 인건비를 수령했을

---

**14** 진보신당 서울시당이 2013년 4월에 요청해 받은 정보 공개 자료를 바탕으로 1인당 인건비로 재산출한 것임(업체별, 분야별 인건비 총액을 해당 분야별 고용 인원으로 나눈 값).

## 정비 노동자 인건비 상/하위 현황(2011년)

| 상위(단위: 천 원, 명) | | | | 하위(단위: 천 원, 명) | | | |
|---|---|---|---|---|---|---|---|
| 업체명 | 인건비 총액 | 인원 | 1인당 인건비 | 업체명 | 인건비 총액 | 인원 | 1인당 인건비 |
| 도선여객 | 784,460 | 13 | 60,343.07 | 보영운수 | 473,019 | 18 | 26,278.83 |
| 번창운수 | 240,817 | 4 | 60,204.35 | 동성교통 | 946,038 | 35 | 27,029.65 |
| 대원여객 | 1,188,911 | 20 | 59,445.53 | 중부운수 | 898,927 | 32 | 28,091.48 |
| 원버스 | 230,232 | 4 | 57,558.07 | 신흥기업 | 671,570 | 23 | 29,198.70 |
| 한남여객 | 895,495 | 16 | 55,968.41 | 태진운수 | 823,388 | 28 | 29,406.71 |
| 진아교통 | 482,362 | 9 | 53,595.83 | 제일여객 | 840,923 | 27 | 31,145.28 |
| 서울버스 | 636,901 | 12 | 53,075.10 | 보성운수 | 648,211 | 20 | 32,410.56 |
| 도원교통 | 686,150 | 13 | 52,780.77 | 신길운수 | 686,283 | 20 | 34,314.16 |
| 경성여객 | 418,849 | 8 | 52,356.18 | 현대교통 | 454,384 | 13 | 34,952.60 |
| 유성운수 | 520,119 | 10 | 52,011.93 | 메트로버스 | 640,222 | 18 | 35,567.89 |

## 관리직 인건비 상/하위 현황(2011년)

| 상위(단위: 천 원, 명) | | | | 하위(단위: 천 원, 명) | | | |
|---|---|---|---|---|---|---|---|
| 업체명 | 인건비 총액 | 인원 | 1인당 인건비 | 업체명 | 인건비 총액 | 인원 | 1인당 인건비 |
| 보광교통 | 599,999 | 9 | 66,666.57 | 신흥기업 | 889,865 | 49 | 18,160.51 |
| 도선여객 | 1,031,402 | 17 | 60,670.71 | 태릉교통 | 479,211 | 22 | 21,782.32 |
| 선진운수 | 2,174,743 | 40 | 54,368.57 | 서울버스 | 851,175 | 38 | 22,399.34 |
| 한남여객 | 1,158,924 | 22 | 52,678.37 | 삼성여객 | 642,250 | 28 | 22,937.51 |
| 유성운수 | 683,369 | 13 | 52,566.84 | 안양교통 | 569,863 | 23 | 24,776.63 |
| 번창운수 | 389,181 | 8 | 48,647.66 | 보영운수 | 624,134 | 25 | 24,965.37 |
| 오케이버스 | 1,452,833 | 30 | 48,427.77 | 선일교통 | 532,812 | 20 | 26,640.62 |
| 세풍운수 | 934,965 | 20 | 46,748.25 | 경성여객 | 560,435 | 21 | 26,687.37 |
| 영인운수 | 675,066 | 15 | 45,004.40 | 현대교통 | 589,999 | 22 | 26,818.14 |
| 성원여객 | 359,753 | 8 | 44,969.12 | 대진여객 | 1,328,112 | 49 | 27,104.32 |

수 있는데 이럴 경우 사실상 해당 인건비를 전용했을 가능성이 높다.

– 관리직 인건비  상위 1순위인 보광교통은 인건비 총액이 5억 9000만 원에 고용 인원이 9명으로, 1인당 인건비는 6600만 원 규모였다. 반면 하위 1순위인 신흥기업의 경우 총액이 8800만 원인데 49명이 고용돼 있어 1인당 인건비는 1800만 원 수준이다. 상위 1순위와 하위 1순위의 1인당 관리직 인건비 격차는 7000만 원 수준으로, 무려 4.8배의 차이를 보였다. 보광교통이 운행 대수 76대이고 신흥기업이 111대인 점에 견줘 격차가 지나치게 높다.

– 임원 인건비  더욱 심각한 문제다. 상위 1순위 신진운수는 임원 1인당 인건비가 3억 6000만 원에 이르지만 하위 1순위 정평운수는 1200만 원에 불과해서 차이가 무려 30배에 이른다. 표준 운송 원가 방식은 버스 운영 비용을 표준화해 업체 간 형평성을 맞추기 위한 도구다. 그런데 무려 30배 이상의 차이가 나는 현실은 표준 운송 원가가 별다른 의미가 없는 제도라는 점을 보여준다.

– 업체별 보전 방식의 한계  동일한 인건비 항목에서 드러나는 격차는 원가 요소별로 분류된 표준 운송 원가 제도 자체가 사실상 별 의미없이 통용되고 있다는 것을 보여준다. 이를테면 A라는 업체가 2012년도 보조금 신청을 할 때 개별 원가 요소별로 계산하기보다는 전년도 지급 총액 중심으로 조정한 금액을 요청하고, 여기에 원가를 더하는 방식으로 징수받는 식이다. 이럴 경우 업체별로 별도의 인건비 항목으로 보조금의 세부 단위를 분류하는 방식은 실제 지급되는 규모에 상관없는 편의

## 임원 인건비 상/하위 현황(2011년)

| 상위(단위: 천 원, 명) | | | | 하위(단위: 천 원, 명) | | | |
|---|---|---|---|---|---|---|---|
| 업체명 | 인건비 총액 | 인원 | 1인당 인건비 | 업체명 | 인건비 총액 | 인원 | 1인당 인건비 |
| 선진운수 | 364,071 | 1 | 364,070.98 | 정평운수 | 72,274 | 6 | 12,045.75 |
| 세풍운수 | 149,266 | 1 | 149,265.65 | 김포교통 | 151,220 | 8 | 18,902.49 |
| 보성운수 | 132,214 | 1 | 132,214.17 | 대원교통 | 157,628 | 8 | 19,703.45 |
| 동성교통 | 201,798 | 2 | 100,899.00 | 경성여객 | 93,551 | 4 | 23,387.83 |
| 진아교통 | 100,724 | 1 | 100,724.28 | 영신여객 | 73,915 | 3 | 24,638.48 |
| 서울승합 | 196,959 | 2 | 98,479.71 | 메트로버스 | 123,337 | 5 | 24,667.49 |
| 대성운수 | 95,770 | 1 | 95,769.81 | 태릉교통 | 79,455 | 3 | 26,484.85 |
| 진화운수 | 178,736 | 2 | 89,368.12 | 삼성여객 | 106,367 | 4 | 26,591.64 |
| 동아운수 | 266,371 | 3 | 88,790.41 | 대흥교통 | 58,446 | 2 | 29,222.94 |
| 제일여객 | 173,263 | 2 | 86,631.48 | 신흥기업 | 147,375 | 5 | 29,475.08 |

## 2011년 이윤 지급 현황(단위: 원)

| 순위 | 성과 이윤 순위 | | 기본 이윤 순위 | | 합계 순위 | |
|---|---|---|---|---|---|---|
| 1 | 동아운수 | 938,513,729 | 선진운수 | 1,780,380,805 | 선진운수 | 2,715,400,940 |
| 2 | 선진운수 | 935,020,135 | 동아운수 | 1,294,270,005 | 동아운수 | 2,232,783,734 |
| 3 | 한성운수 | 840,997,034 | 대원여객 | 1,263,888,080 | 한성운수 | 2,086,655,959 |
| 4 | 북부운수 | 781,883,045 | 한성운수 | 1,245,658,925 | 대원여객 | 1,927,656,640 |
| 5 | 중부운수 | 717,530,208 | 범일운수 | 1,142,360,380 | 북부운수 | 1,912,090,655 |
| 6 | 서울승합 | 688,787,202 | 서울교통 네트웍 | 1,136,283,995 | 범일운수 | 1,818,443,332 |
| 7 | 대진여객 | 688,202,415 | 북부운수 | 1,130,207,610 | 대진여객 | 1,733,340,635 |
| 8 | 범일운수 | 676,082,952 | 한국비알티 자동차 | 1,105,902,070 | 서울교통 네트웍 | 1,733,037,460 |
| 9 | 대원여객 | 663,768,560 | 오케이버스 | 1,065,397,763 | 한국비알티 자동차 | 1,686,699,560 |
| 10 | 진화운수 | 651,799,625 | 대진여객 | 1,045,138,220 | 서울승합 | 1,661,008,802 |

상의 분류에 불과하게 된다.

이런 상황은 개별 업체가 요구한 보조금이 적절한 규모인지를 사후 검증할 수 있는 방안이 전무하다는 사실을 보여주는 것으로, 표준 운송 원가를 바탕으로 하는 준공영제는 업체별 총액 보상 방식의 준공영제에 불과할 수 있다는 가정이 가능하다.

더욱이 각 업체의 이윤 분배 방식을 보면, 현재의 준공영제가 보조금을 통한 공공 통제의 강화라는 정책 목표의 수단으로 전혀 기능하고 있지 못한 사실을 알 수 있다. 성과 이윤은 준공영제에 따른 공공 통제의 대가 차원이고 기본 이윤은 정률로 보장하는 이윤인데, 최종 이윤의 합계 상위 10개 업체를 기본 이윤 순위 업체에 비교하면 1개 업체를 제외하고 중복된다. 업체로서는 표준 운송 원가에 따른 사후 검증도 무의미하고 공공 통제에 따른 성과 이윤도 절대 이윤 보장에 아무 상관이 없어, 사실상 준공영제에 따른 보조금 지원은 '업체가 알아서' 분배하는 공동 기금이나 다름없다.

결론적으로 서울시의 버스 준공영제는 사실상 민영 버스 체계에 환승 할인과 영업이익 보조금을 결합해 지급되는 보조 사업에 불과하다.


## 서울시 버스 준공영제의 문제점 — 한남운수 사례

한남운수는 관악구 대학동(신림9동)에 위치하고 있으며 158대의 버스를 소유하고 있다. 2009년까지 다른 사람의 소유 회사였지만 법정 관리에 들어간 뒤 채권단 중 한 명인 현 사장이 인수해 지금까지 운영하고 있다. 현 대표이사는 회사 인수 뒤 "회사의 사정상 정비사들은 1년 단위의 연봉제를 실시한다"며 사실상 계약직으로 변경했다. 여기에 반발하는 정비사 중 일부(6명)를 운전직으로 강제 전직시킨다고 통보하고 일방적으로 시행했다. 이 과정에서 노동자들은 이런 직무 전환이 부당하다는 진정을 서울시 등에 제출했지만, 문제를 제기한 당사자가 오히려 정직 3개월의 중징계를 받았다. 그 뒤 회사의 방침을 따르지 않는다는 이유로 정직 3명, 해고 2명이라는 추가 징계를 내린다.

그런데 이 업체에서는 운전직 채용에 관련된 입사 비리가 발생했다. 버스 준공영제로 운전 노동자들의 임금이 보장돼 일자리를 원하는 지원자가 늘어나자 돈을 받고 입사를 약속하는 비리가 반복되는 것이다. 버스 노동자들의 노동 조건을 개선하려는 조치들이 민간 버스 업자들이 불법으로 뇌물을 받을 수 있는 부패의 온상이 된 셈이다. 서울시가 일반 업체의 채용에 관련된 관리나 감독을 전혀 하지 않기 때문에 이런 일은 구조적으로 발생할 수밖에 없다.

서울시 버스 운송 사업자는 사실상 보조금을 바탕으로 이윤을 보장받는 '보호된 시장 사업자'다. 따라서 보호받을 만한 사업체에 선별적으로 보조금을 보장하고 기준이 되지 않는 업체는 퇴출하는 게 맞다. 그렇지 않으면 한남운수처럼 노동법을 위반한 사업자가 서울 시민의 세금을 지원받아 이윤을 챙기는 모순을 해결할 수 없다. 또한 표준 운송 원가 산정 기준에 따르면 버스 1대당 정비직 적정 인원은 0.1428명으로 계상돼 보조금이 지급되는데, 단순 계산만 해도 한남운수에 필요한 정비직은 25명이다. 그러나 실제로는 여기에 절반도 되지 않는 12명이다.

앞서 살펴본 대로 표준 운송 원가의 산정 기준은 단지 보조금을 지급하기 위한 기준일 뿐 적정 인력 운영에 관련된 지침은 되지 못하는 탓에 실제 정비직 인원을 줄이더라도 정비비가 줄어들지는 않는다는 구조적인 모순이 존재한다. 이렇게 한남운수는 현행 서울시 버스 준공영제가 놓여 있는 구조적 불합리함을 보여주는 대표 사례다.

### 대중교통 완전 공영제라는 해법

현재 준공영제는 민간 주도형으로, 사실상 공공성은 공적 자금의 지원에 한정돼 있다. 이 구조를 공공 주도형 준공영제로 바꿔야 하며, 그러려면 과거 민간 버스 운영 구조에서 벗어나는 구체적인 정책 지향이 필요하다. 단기적으로는 민영 위주의 버스 운영 체계에 공공 관리를 부과하는 방식으로 전환하고, 장기적으로는 공영 중심의 버스 운영 체계로 전환하도록 하는 정책 지향이 전제돼야 현행 버스 준공영제를 정확히 평가할 수 있다.

이런 정책 목표의 모호함 때문에 버스 사업자가 부패를 저질러도 사후 보정할 수 있는 정책 수단을 마련할 수 없다. 실제로 서울시는 2011년 선진운수 대표자가 개인 주택을 개량하는 데 회사 자금을 전용한 사례를 고발 조치했지만 공소 시효가 지난데다 업무상 횡령의 고의를 입증하지 못해 불기소 처분되는 일이 있었다. 비위 사실에 대처하는 서울시의 무능함을 보여준다.

현행 버스 준공영제의 운영 체계를 보면 보조금 총액의 규모에 결정적인 영향을 주는 버스 운송 수익금의 정산과 관리를 사업자 단체가 총괄하는 구조다. 보조금 정산 과정을 보면 서울시가 교통카드 정

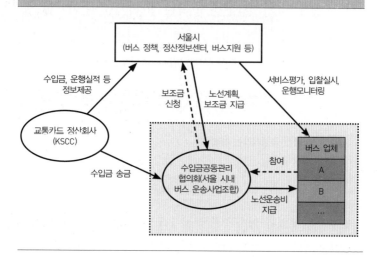

**준공영제 아래에서 수입금공동관리협의회가 하는 기능**

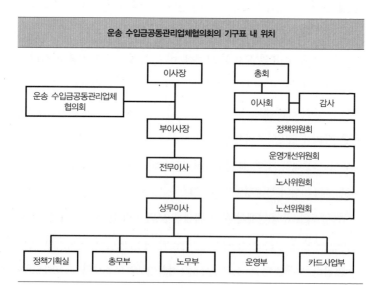

**운송 수입금공동관리업체협의회의 기구표 내 위치**

산 회사에서 수입금과 운행 실적 관련 정보를 제공받은 뒤 이 내용을 가지고 수입금공동관리협의회에서 취합한 버스 업체들의 운송 수익금을 간접 검증하는 방식을 택하고 있다. 이 과정에서 전체 수익금의 5퍼센트에서 10퍼센트에 이르는 현금 수익금에 관한 관리가 사실상 방치되고 있다.

더욱이 개별 버스 업체에 관한 서울시의 관리나 감독은 서비스 평가 같은 모니터링에 불과해서 보조금 정산 과정에 관한 검증은 하지 않고 있다. 수입금공동관리협의회는 사실상 서울시버스 운송 사업자 조합의 이사장 산하 기관으로 편재돼 있기 때문에 보조금 정산 기구로서 중립성과 객관성을 확보할 수 없다는 한계가 있다. 협의회하고는 별도로 서울시가 '서울특별시 버스정책 시민위원회 조례' 통해 운영하는 버스정책 시민위원회가 조례에서 부여한 기능을 수행하는 데 여러 한계가 있다는 점도 지적돼야 한다. 조례에 따르면 버스정책 시민위원회는 버스 운영에 관련된 정책부터 보조금 산정 기준이나 서비스 개선 등 버스 준공영제 제도 전반에 관한 사항뿐만 아니라 이해관계자 간의 분쟁 조정까지 포함해 노사간 쟁점도 다루는 폭넓은 권한을 부여받은 위원회다.

그런데 버스정책 시민위원회는 이런 다양한 쟁점을 다루기에는 불충분한 구조로 짜여 있다. 대표적으로 사용자 대표는 5명이나 포함되는 반면 운수 종사자 대표는 1명밖에 없어 사실상 노사 간 의사가 불평등하게 반영되고 있다는 점을 지적할 수 있다. 또한 전반적으로 전문가와 직능대표의 비중이 높아 2012년 기준으로 35명인 전체 위원 중에서 전문가와 직능대표가 15명이나 돼 사실상 절반에 이르는 수준이다. 거기에 당연직 위원장과 함께 유관 기관 대표 등 공무원이

제2조(위원회의 기능) 서울특별시 버스정책 시민위원회(이하 "위원회"라 한다)는 다음 각 호의 사항에 대해 심의하고, 서울특별시장(이하 "시장"이라 한다)의 자문에 응한다. 〈개정 2007.4.17, 2012.7.30〉

1. 시내버스 정책방향에 관한 사항
2. 시내버스 노선 및 요금조정에 관한 사항
3. 보조금 등의 지원기준과 방법에 관한 사항
4. 시내버스 운영 체계의 조정·개선에 관한 사항 〈개정 2007.4.17〉
5. 시민 만족도 평가 등 서비스평가제 및 시민 참여에 관한 사항(개정 2012.7.30)
6. 이해당사자간 갈등·조정·중재 및 합의 도출에 관한 사항 〈신설 2007.4.17〉
7. 노선체계 합리화 방안에 관한 사항 〈신설 2007.4.17〉
8. 차고지 및 승차대 등 버스관련 시설에 관한 사항(신설 2007.4.17, 개정 2012.7.30)
9. 시내버스 운송 수입금 운영·관리·정산 및 지급 등에 관한 사항 〈신설 2007.4.17〉
10. 버스관련 시민제안 및 주요 민원사항 〈개정 2007.4.17, 2012.7.30〉
11. 기타 시내버스 정책수립 및 집행과 관련되는 주요사항 〈개정 2007.4.17〉
12. 시내버스 차량 개선 및 안전성 제고에 관한 사항 〈신설 2012.7.30〉

제3조(위원회의 구성) ① 위원회는 위원장 1인, 부위원장 1인을 포함한 50인 이내의 위원으로 구성한다. 〈개정 2007.4.17, 2012.7.30〉
② 위원장은 행정1부시장으로 하고, 부위원장은 버스 정책분과위원장이 겸임한다. 〈개정 1998.11.16, 2003.6.16, 2008.4.3, 2011.7.28, 2012.7.30〉
③ 위원은 다음 각호의 자 중에서 시장이 임명 위촉한다.

1. 교통전문가, 교통 관련 대학교수, 연구 기관 연구원 등
2. 교통, 소비자보호, 여성 등 공익 관련 시민단체 대표
3. 언론계, 법조계, 공인회계사 등 직능대표
4. 시의회 의원
5. 중앙부처, 경찰 등 유관기관 대표
6. 버스 사업자 및 운수종사자 대표
7. 관계 공무원(개정 2012.7.30)

4명이고 버스 사업자가 5명이어서, 전문가를 제외한 구성에서도 사업자나 서울시의 견해가 관철될 수밖에 없는 구조다. 특히 버스정책 시민위원회라면 반드시 버스 이용자의 의견이 반영돼야 할 텐데, 전문가나 시민단체라 하더라도 실제 버스를 이용하는 당사자로 선임할 수 있는 규정이 없기 때문에 '버스라는 대중교통에 직접적인 이해관계

가 있는 이해당사자로서 버스 이용자'가 배제되는 문제가 발생한다.

현재의 버스 준공영제 문제를 해소하려면 다음 과제들을 해결해야 한다. 첫째, 버스 완전 공영제를 전제로 버스 정책의 중기 전망을 수립해야 하며, 버스 준공영제는 이런 정책 전망을 바탕으로 설계돼야 한다. 둘째, 현행 운송 수입금공동관리협의회를 독립 기구로 구성하고 사업자 단체에 관한 관리와 감독 권한을 부여하는 한편, 버스 정책시민위원회에 버스 이용자와 버스 노동자들이 실질적으로 참여할 수 있게 제도를 개선해야 한다(시민위원회의 전문가와 직능대표들은 '버스정책자문위원회' 방식으로 별도 기구로 만드는 게 타당하다). 셋째, 보조금 유용과 횡령 같은 비위 행위가 발견된 버스 사업자는 관계 법령에 따라 면허를 환수하는 등 강력한 처벌 조치을 해 시민들의 세금으로 운영되는 버스 지원 보조금의 공공성을 강화해야 한다(처벌의 경우 노선 환수부터 사업자 면허 취소까지 고려할 수 있다). 마지막으로 최근 서울시가 시도하고 있는 한정 면허의 일반 면허 전환 정책을 중단하고, 오히려 기존 노선의 한정 면허 전환을 통해 수익성에 따라 폐선되거나 단축되는 사례를 축소해야 한다.

# [자료] 한남운수 시민감사 결과에 부쳐

2013년 9월에 발표된 서울시 감사관실의 감사 결과는 현행 버스 준공영제의 문제점을 고스란히 보여준다는 점에서 의미가 깊다. 관악구에 위치한 한남운수에서 버스 준공영제에 따른 보조금 지급의 근거가 되는 표준 운송 원가를 악용해 정비직 인원을 축소해 운전직으로 편법 전보하고 여기에 불응한 노동자를 부당 해고한 사건을 관악지역 한남운수 공대위가 시민들의 서명을 받아 지난 5월 30일에 감사 청구했다. 서울시 감사관실은 6월 25일부터 8월 23일까지 60일간 감사를 실시했고, 9월 17일까지 25일을 추가해 연장 실시했다. 감사관실은 감사 연장에 관련된 사유로 "한남여객에 지원된 보조금의 성격 및 액수 등 사실 관계 확인에 추가 기간이 필요"하다는 점을 제시했다.

이번 감사의 주요 목적은 다음 5가지 항목이었다.

1. 버스 회사 보조금 중 정비직 인건비가 정비 인력 고용에 쓰이는지 여부
2. 정비직 인건비와 정비 인력의 실제 급여에 차이가 발생한다면 차액의 보조금은 어떤 항목으로 전용됐는지 여부
3. 보조금으로 지급받는 인건비 항목이 실제 해당 직군의 고용 인원 숫

자에 맞게 지출됐는지 여부와 정비비, 타이어비 항목의 보조금 적정 지출 여부 및 보조금 항목 간 전용 여부

4. 버스 회사에서 발생한 정비 불량/미흡에 근거한 사고 사례 및 조처 사례 등

5. 위 1~4호에 대한 서울시 주무 부서의 관리·감독 기준과 업무 매뉴얼의 적정성 여부

이 5개 항목을 한남운수의 사례일 뿐이지만 필연적으로 현재 서울시가 운영하고 있는 버스 준공영제 전반에 밀접히 연관되어 있는 사항으로, 사실상 '버스 준공영제 실태 조사'의 의미를 띤다. 이 감사 청구에 따라 실시된 감사의 결과와 뒤따른 문제점을 살펴보면 현행 버스 준공영제가 가지는 구조적인 문제가 분명하게 드러난다.

### 한남운수가 재정 보조금을 불법 전용했다는 취지에 관해

감사 결과 보고서에는 이런 말이 적혀 있다. "버스 준공영제의 재정 보조금 지급을 위한 표준원가 산정을 위해 항목별로 표준원가를 산정하고 있지만 표준원가는 이 항목에 따른 사용을 지정한 것이 아니라 버스 운영에 드는 총 원가를 산출하기 위한 계산상의 항목에 불과해 각 항목에 맞춰 버스 회사가 지출하지 않았다하더라도 이를 전용이라고 볼 사유가 없다"(보고서 4쪽).

이런 견해에 따르면 지금처럼 각 분야별로 10개의 세부적인 단가로 분류하고 매년 막대한 예산을 들여 표준 운송 원가를 다시 산정하

는 연구 용역을 시행할 이유가 없다. 특히 '서울특별시 시내버스 재정 지원 및 안전 운행기준에 관한 조례'(준공영제 조례) 제2조(정의)에서는 표준 운송 원가를 "버스 운송 수입금 공동관리 시행에 따라 시내버스 1일 1대당 운행비용을 표준으로 산정한 것을 말한다"고 규정하고 있고, 서울시 역시 보조금 규모의 조정을 위해 표준 운송 원가의 재조정이라는 정책 수단을 활용하고 있다.

만약 표준 운송 원가가 감사 결과처럼 계산상의 항목에 불과하고 보조금을 받는 버스 회사가 각 항목에 맞춰 지출하지 않아도 제재가 불가능하다면, 해당 표준 운송 원가는 준공영제 조례에서 정한 '표준'의 의미도 없고 매년 재산정하는 목적도 달성하기 어려울 것이다. 더구나 감사 결과 보고서에서 한걸음 더 나아가 "항목별로 표준원가를 산출했음에도 실제 지출액이 표준원가와 크게 차이가 나는 경우는 표준원가를 산출하는 기준에 대한 재검토가 필요하다는 점을 시사하는 것"이라고 해석하는 것은, 표준 운송 원가를 버스 업체가 비용을 지출하는 현실에 맞춰야 한다는 주장이나 다름없어 황당하기 짝이 없다.

**서울시가 보조금을 집행하는 버스 회사에 관리 감독을 소홀히 했다는 주장에 관해**

또 감사 결과 보고서는 이렇게 말하고 있다. "서울시는 재정 보조금의 사용에 관해 서울특별시 보조금관리조례 제24조(검사 및 감독) 및 서울특별시 시내버스 재정 지원 및 안전 운행기준에 관한 조례 제10조(사업자의 책무)에 의한 관리 감독 권한이 있으나 버스 준공영제와 관련해 보조금 사용에 관한 구체적인 관리 감독을 정한 규정이 없으며 다만 성과이윤산출을 위한 평가작업만을 의무화하고 있다"(보고서 5쪽).

그렇다면 서울시는 버스 업체에 보조금을 주지만 해당 보조금의 사용처에 관해서는 관리하거나 감독할 권한이 없는 셈이 된다. 그러나 버스 준공영제 조례는 사업자의 정산 보고를 의무로 하고 있으며, 특히 실비 정산 항목에 관해서는 집행 뒤 2개월 이내에 보고하도록 명시하고 증빙 자료도 요구하고 있다.

---

제6조(재정 지원금의 정산 보고) ① 사업자는 시장이 지원한 재정 지원금 중 실비정산되는 항목에 대해서는 집행 후 2개월 이내에 정산 보고해야 하며, 관련된 증빙자료를 제출해야 한다.

② 시장은 제1항과 관련해 확인이 필요한 경우에는 관련 자료의 제출을 요구하거나 소속공무원으로 하여금 해당 사업자 등을 방문해 조사하게 할 수 있다.

---

만약 감사 결과처럼 보조금을 관리하고 감독할 권한이 없다면 사업자가 번거롭게 집행 실적을 서울시에 보고할 이유가 없다. 적정한지 적정하지 않은지 판단되지 않을 자료인데, 굳이 조례에 '재정 지원금의 정산 보고'라고 명시할 이유도 없을 것이다. 또한 '서울특별시 여객자동차운수사업의 재정 지원 및 한정면허 등에 관한 조례'는 재정 보조금을 사용한 목적을 확인해 환수까지 할 수 있게 하는 규정을 두고 있다.

---

제6조(자금의 보조 또는 융자) ① 재정 지원으로서의 자금의 융자는 다음 각 호의 기준에 따라 융자한다. (개정 2009.09.29)

④ 시장은 허위 또는 부정한 방법으로 지원 받거나 지원 목적 외의 용도로 지원금을 사용한 사업자에 대해서는 재정 지원금을 즉각 환수 조치해야 한다. 〈신설 2012.1.5〉

---

'보조금관리 조례'도 제19조에 '보조사업에 소요되는 경비의 항목별 비율'을 특정해 변경이 불가능하게 명시하고 있다. 만약 서울시 감사 결과에 따라 표준 운송 원가도 편의적인 기준일 뿐이고 각종 조례에 따른 관리나 감독도 불가능하다면, 현행 버스 준공영제에 따른 재정 보조금은 법과 제도 위에 존재하는 사실상 무법한 보조금 집행이라고 할 수 있다.

제19조(보조사업의 내용변경 등) ① 보조사업자는 사정의 변경으로 보조사업의 내용을 변경하거나 보조사업에 소요되는 경비의 항목별 비율을 변경하고자 할 때에는 시장의 승인을 받아야 한다.다만, 규칙이 정하는 경미한 사항은 그러하지 하니하다.

### 정비직 인력 감축이 버스 안전에 영향을 준다는 지적에 관해

마지막으로 감사 결과 보고서는 이렇게 말한다. "정비직의 감소가 안전 문제를 초래할 수 있다는 우려에 관해서는 정비직을 축소하기 시작한 2009년 전후해 ○○여객의 사고건수와 보험료율, 민원제기 사항 등을 볼 때 정비직 축소로 사고가 늘어났다는 징후를 발견하기 어렵다"(보고서 6쪽).

감사 결과에는 숙련도에 따라 정비직 1인이 정비할 수 있는 차량 수가 탄력적이라고 주장한다. 그러나 숙련도가 높다고 해서 정비에 필수적인 시간과 담당 차량 수가 무한대로 늘어나는 것은 아니다. 적어도 한남운수처럼 표준 운송 원가의 기준보다 정비직 인원이 2분의 1에 불과한데도 숙련도 운운하거나 실제로 사고가 안 났으니 상관이 없다는 식으로 말하는 태도는 매우 무책임하다. 2010년 서울에서 발생한 행당동 버스 폭발 사고는 예방 정비의 문제라는 사실이 밝혀졌고, 그 결과 버스 같은 대중 교통수단의 안전 점검이 사회적 문제로 확산된 경험이 있다. 그런데 숙련도나 무사를 운운하는 태도는 서울시의 안전 불감증을 단적으로 보여주는 사례라고 할 수 있다.

시민 감사 청구에 따른 이번 감사 결과는 사실상 버스 준공영제를 운영하는 서울시 담당 부서의 의견을 그대로 반영하고 있다. 실제로 감사관실이 감사를 하기 직전 연 간담회에서 감사관은 직접 버스 업체를 감사할 권한이 없어 그런 권한을 가지고 있는 도시교통본부의 협조가 가장 중요하다는 공감대가 있었다. 또한 시민 감사 청구 전까지 감사관이 버스 준공영제에 관한 기본 인식과 이해가 없던 특징을 고려할 때 사실상 주무 부서의 의견이 반영됐다고 볼 수밖에 없다. 만약 감사 결과 보고서에 나온 대로 버스 준공영제가 운영되고 있다면, 서울 시민들이 내는 막대한 혈세가 버스 업체의 견제받지 않는 이익을 위해 사용되고 있다는 말이나 다름없다.

시민 감사 청구의 요건을 충족하려고 106명이나 되는 적지 않은 시민이 서명했지만, 과연 감사를 청구하는 데 함께한 일반 시민의 처지에서 이런 감사 결과를 어떻게 받아들일 수 있을지 의문이다. 결과적으로 이번 시민 감사를 통해 확인할 수 있는 것은 현행 버스 준공영제가 민간 버스 사업자들을 위한 제도이며 시민들의 합리적 문제 제기나 감시 등이 어떤 방식으로든 가능하지 않다는 사실이다.

이번 시민 감사 결과는 왜 현행 버스 준공영제를 완전 공영제로 바꿔야 하는지를 보여주는 단적인 사례다.

# 02

힘차게 달려라, 공영 철도

# 1장 지하철 9호선, 시민을 인질로 잡은 교통 정책

## 지하철 9호선, 개통이 능사는 아냐

우여곡절 끝에 지하철 9호선이 개통된다. 예정일보다 40일가량 늦었다. 서울시나 민간 사업자는 속이 탔겠지만, 그 과정을 바라보는 사람도 그리 속편한 시간은 아니었다. 민간 투자 사업으로 진행되는 지하철 9호선 문제를 살펴보면 볼수록 어찌할 수 없는 답답함이 생겼고, 이런 문제들을 해결하는 데 40일이라는 유예 기간이 그렇게 넉넉한 시간이 아니었기 때문이다. 따라서 지금 상황은 그때하고 달라진 것은 없다. 오히려 지하철 9호선은 개통되면 실질적인 문제점이 시작될 것이다.

개통 예정 시점에 맞춰 준비한 이 글도 내용상 바꾸어야 할 점이 없지 않지만, 그런데도 처음 문제의식에서 한 발짝도 나가지 못하고 있다. 오히려 지하철 9호선에 관한 문제의식만 깊어졌다. 다시 반복하겠지만, 지하철 9호선 개통이 문제의 본격적인 출발점인 동시에 시민 사회 영역에서 대중교통 문제, 특히 줄줄이 예상되는 철도 체계의 민간 투자 사업을 감시하는 지속적인 활동의 시작이 되기를 바란다.

본론으로 들어가자. 2006년 기준으로 서울의 지하철 일평균 수송 인원은 556만 명이며 역수는 265개에 노선은 286.9킬로미터[1]에 이른다. 1999년 일평균 수송 인원 448만 명, 전체 역수 197개, 노선이 217.1킬로미터에 견줘보면 수송 인원과 역수, 노선 수에서 모두 4분의 1이상 늘어났다. 적어도 시설 측면에서 볼 때 서울시의 대중교통 체계가 끊임없이 궤도 중심 체계로 변화하고 있다는 것을 보여준다.

그러나 그렇게 늘어난 지하철 시설이 제구실을 하고 있느냐로 접근하면 문제는 달라진다. 지하철 교통망이 양적으로 팽창했지만 수송 분담률은 1999년 32.3퍼센트에서 2008년 36.2퍼센트로 변화했을 뿐이다.[2] 불과 4퍼센트 증가했는데, 특히 지하철의 수송 분담률이 대부분 광역권 교통수단에서 높은 비중을 보이는 것으로 나타났다.

또한 서울시의 중기 교통 정책에 각종 유도고속차량GRT이나 경전철 도입계획이 반영돼 있어 앞으로 궤도 교통수단이 지속적으로 증가할 것이다. 특히 그 사업들이 대부분 지하철 9호선처럼 민간 투자 사업으로 추진될 전망이어서, 지하철 9호선 문제는 현재 서울시의 대중교통 정책에서 중요한 기준점이 될 것으로 전망된다.

개통을 앞두고 발표한 서울시의 보도 자료를 보면 시민 편의와 새로운 지하철의 쾌적함을 자랑하지만, 지하철 9호선의 특징은 명확하게 밝히고 있지 않다. 대규모 민간 투자 사업으로 진행되는 것은 물론이고 사실상 운영권이 민간 회사에 장기간 위탁되는 최초 사례라는 점 말이다. 따라서 지하철 9호선의 개통은 기존 지하철 체계의 노

---

1  김홍남 등, 〈지방도시 도시철도의 수요 예측 결정요인에 관한 연구〉, 《산업경제연구》 제21권 제4호, 2008.
2  서울특별시, 〈서울시 시내버스 운영 체계 개선방안〉, 2008.

## 서울시의 추진 예정 궤도 교통 사업 — 기본 계획 노선

| 사업명 | 노선 연장 | 제안 사업비 | 비고 |
|---|---|---|---|
| DMC 경전철 | 5.8Km,<br>정거장 6개 | 1,999억 원<br>– 민자 53% –재정 47% | – DMC 단지 계획과 연계해<br>추진 검토 |
| 여의도–신림경전철<br>(신림선) | 9.23Km,<br>정거장 11개 | 7,242억 원<br>– 민자 60% –재정 40% | – PIMAC 검토 완료<br>– 도시기반시설본부 사업 추진 중 |
| 신월–당산경전철<br>(목동선) | 11.9Km,<br>정거장 12개 | 7,225억 원<br>– 민자 51% –재정 49% | – PIMAC 검토 의뢰 부적격 |
| 청량리–신내경전철<br>(면목선) | 9.6Km,<br>정거장 12개 | 6,705억 원<br>– 민자 54% –재정 46% | – PIMAC 검토 의뢰 부적격 |
| 동북뉴타운신교통<br>(동북선) | 12.7Km,<br>정거장 11개 | 8,211억 원<br>– 민자 62% –재정 38% | – PIMAC 검토 의뢰 |
| 새절–장승배기<br>(서부선) | 12.1Km,<br>정거장 12개 | 8,662억 원<br>– 민자 60% –재정 40% | – PIMAC 검토 의뢰 |

출처: 서울시정개발연구원, 〈도시철도 민자 사업 추진체계 정립 및 활성화 방안〉, 2009년 5월.

선 확대보다는 앞으로 서울시가 추진할 교통 분야 민간 투자 사업의
최초 사례로 보는 게 타당하다.

따라서 지하철 9호선이라는 교통수단에 관한 평가는 기술적 평가
에 더불어 도입의 맥락과 배경도 따져봐야 한다.[3] 특히 서울시의 전체
대중교통 체계의 관점에서 지하철 9호선에 관한 점검은 지하철 9호선
이라는 하나의 교통수단을 대상으로 하는 평가를 넘어서야 할 필요
가 있다. 지하철 9호선 개통의 문제점을 크게 사업 추진의 타당성, 추
진 과정의 공개성과 검증 여부, 예측되는 결과의 수용 가능성이라는 3
가지 차원에서 종합적으로 살펴봐야 한다.

---

3  기술적인 문제가 중요하지 않다는 뜻은 아니다. 실제로 지하철 9호선에 도입 예정인 무인 자동화 시
스템은 이미 긴급한 상황에서 많은 문제점을 낳을 수 있다는 점이 드러나고 있다. 샌프란시스코 경전철
사고나, 워싱턴 지하철 추돌 사고는 그 좋은 사례다.

지하철 9호선은 서울 시민의 편안하고 쾌적한 도시 생활을 위해 도입됐다. 그리고 그런 편안함과 쾌적함에는 해당 교통수단이 '지불 가능하고 장기적으로 효과적인' 교통수단으로 운영될 수 있다는 전제가 따른다. 중요한 것은 그런 사실을 판단하는 주체가 누구냐는 점이다. 서울시의 대중교통 체계에 관련된 의견 수렴 과정을 개괄적으로나마 살펴봐야 하는 이유가 여기에 있다. 또한 해외의 이용자 참여 현황을 살펴봄으로써 서울시의 대중교통 체계에서 이용자의 관점이 반영돼야 한다는 점을 다시금 강조할 필요가 있다.

## 지하철 9호선, 출발부터 꼬인

서울시의 계획에 따르면 지하철 9호선 사업은 1단계 상부구조만 민간 투자 사업으로 진행되고 2단계와 3단계 사업은 모두 시재정 사업이다. 문제는 1단계 사업 상부구조 사업비 9000억 원가량 중 민간 투자 사업비는 50퍼센트 정도에 불과한 한편, 하부구조 사업비 2조는 전부 시비와 국비로 지출된 점이다. 전체 사업비로 보면 사실상 민간 투자 사업비 규모는 전체 사업비의 16퍼센트[4]에 불과하다. 그런데 겨우 16퍼센트의 민간 투자로 메트로9호선주식회사와 운영사는 지하철 9호선의 전체 운영권과 부대사업 수익권을 갖게 된다. 또한 정보의 접근도 제약된다.

---

4    이 예산 규모는 계획상 예산다. 실제 예산은 1조 원가량이 증액돼 전체 사업비는 3조 5000억 원 규모이고, 민간 투자도 5458억 원으로 나타났다. 그러나 전체 비율로 보면 전체 사업비 중 민간 투자 비율은 변함없이 16퍼센트 정도로 볼 수 있다

1) 구간: 김포공항~여의도~논현동~종합운동장~방이동

2) 규모: 총연장 38킬로미터, 정거장 37개소(환승역 12개), 차량기지 1개소

3) 추진 방법: 재정 여건을 고려해 단계별로 추진
   - 1단계: 상부 부분 민간 투자 사업으로 추진
   - 2단계: 상하부 재정 사업으로 추진
   - 장래 구간: 재정 여건 및 수송 수요 등을 고려 추진 시기 결정

4) 1단계 사업 운영: 서울메트로9호선(주)

5) 단계별 사업비 현황
   - 1단계 건설

| 구분 | 총사업비 | 기투자<br>(2007 이전) | 2008 예산 | 2009 예산 | 2010 이후 |
|---|---|---|---|---|---|
| 계 | 34,954 | 27,380 | 6,487 | 1,087 | – |
| 국비(40%) | 11,811 | 9,796 | 1,707 | 308 | |
| 시비(60%) | 17,685 | 15,555 | 1,977 | 153 | |
| 민자(–) | 5,458 | 2,029 | 2,803 | 626 | – |

   - 2단계 건설(현재 시행 구간, 논현~종합운동장)

| 구분 | 총사업비 | 기투자<br>(2007 이전) | 2008 예산 | 2009 예산 | 2010 이후 |
|---|---|---|---|---|---|
| 계 | 4,464 | 116 | 125 | 800 | 3,423 |
| 국비(40%) | 1,786 | 10 | 50 | 320 | 1,406 |
| 시비(60%) | 2,678 | 106 | 75 | 480 | 2,017 |

   - 3단계 건설(잔여 구간, 종합운동장~방이)

| 구분 | 총사업비 | 기투자<br>(2007 이전) | 2008 예산 | 2009 예산 | 2010 이후 |
|---|---|---|---|---|---|
| 계 | 7,910 | – | – | – | 7,910 |
| 국비(40%) | 3,164 | | | | 3,164 |
| 시비(60%) | 4,746 | | | | 4,746 |

출처: 서울시의회 건설위원회 전문위원실, 《3단계 조기착공 건의안 검토보고서》, 2008년 11월 27일.

그럼 지하철 9호선 건설에 관련된 문제를 민간 투자 사업 측면에서 민간 사업자의 책임 부분, 협약서상의 문제점, 정보 공개의 어려움 등 3가지 사항을 점검한 뒤, 부실한 의견 수렴 과정이라는 또 다른 측면을 살펴보자.

## 민간 투자 사업이라는 골칫덩어리

민간 투자 사업의 가장 큰 문제는 이용자인 시민의 시각이 철저하게 배제된다는 것이다. 실제로 지하철 9호선 민간 투자 사업 추진 과정에서 이용자는 주체가 아니라 단순히 수익 계산의 도구인 승객으로 취급됐다. 행정 과정에서 시민이 주체가 아니라 대상으로 여겨진 것이다.

그러나 교통수단은 공공재적 성격이 매우 강한 서비스다. 실제로 토지 사용 형태에 영향을 주고, 환경적 요인도 크며, 사실상 대체제가 매우 제한적인 독점적 서비스이기 때문이다. 민간 투자 사업으로 추진되는 지하철 9호선 사례를 살펴보면, 앞으로 운영 중에 드러날 지하철 9호선의 문제점을 확인할 수 있다.

### 책임질 수 없는 민간 사업자에게 책임을?

지하철 9호선 당산-노량진 구간에 있는 안양천에서 2006년에 둑이 붕괴하는 사고가 일어났다. 최근 법원은 침수 피해 주민들이 제기한 소송에서 시와 시공사의 책임을 일부 인정했다. 그러나 동일한 사안을 놓고 보험사들이 낸 소송에서는 이를 인정하고(중앙지법) 주민들이 낸 소송에서는 이를 인정하지 않은(남부지법) 일이 발생했다.

> 우선 두 번째 질문이신 저희가 예측 수위 지정을 했고, 그것대로 시킨 대로 다 했다, 또 하나는 부실 시공에 대해서 인정하느냐 이런 두 가지 말씀인데요. 이것은 첫 번째 저도 시공사 측에 그런 얘기를 한 적이 있느냐 물어봤습니다. 우리가 예측 수위를 지정한 적도 없고요. 사실상. 정확하게 말씀드리면 언론에서는 났지만 저희가 대응할 필요성을 느끼지 않아서 안 했습니다. 예측수위를 우리가 지정해 준 바도 없고, 또한 예측 수위를 지정했다 해도 그것이 시공사에서 우리가 시킨 대로 했다고 해서 할 그럴 시공사는 아닙니다. 그리고 자기네가 시에서 시킨 대로 했기 때문에 우리는 책임이 없다, 이렇게 얘기한 적도 없고. 그것은 언론에서 시공사측과 우리 시청과의 의견차를 좀 부각시키려고 하는 의도에서 나왔다고 보고요. 또 말씀드리면 이 설계를 저희가 만든 것이 아니라 설계시공 일괄 입찰, 소위 턴키베이스 공사입니다. 그러니까 시공사가 자기가 설계를 해 와서 자기가 시공을 하고, 나중에 우리들한테는 공장이라고, 그러면 열쇠만 돌리게 만들어 주겠다 하는 공사입니다.
>
> — 지하철건설본부장 김영걸의 발언, 제162회 임시회 재해대책특별위원회 2006년 7월 31일.

2006년 수해 때 서울시의회의 논의 과정을 살펴보면 공사 과정에서 서울시가 제대로 관리 감독권을 행사할 수 없는 구조적인 문제가 원인으로 제기된다.

그러나 2006년 서울시의회 재해대책특별위원회에서는 시공사와 감리사의 책임을 분명히 밝히고 있다.[5] 문제는 책임이 서울시에 있는지 시공사에 있는지가 명확하지 않다는 점이다. 관련된 시의회의 회의록을 보면 서울시는 계속 시공사에 책임을 전가하는 태도를 보인다.

**5** "양창호 위원: 제가 마지막으로 한 말씀 드리고, 추가 질의 때 다시 하겠습니다. 저는 이번 수해가 서울시 지하철건설본부 및 시공사, 감리사 직원들이 상당히 노력해서 그나마 발생할 피해를 최소화시키지 않았나 하는 아주 감사하는 마음으로 이 자료를 조사했습니다. 그런 결과 계획도와 다르게 가시설을 설치하고, 그 가시설에 세굴 현상이 발생해서 제방이 붕괴됐다면, 저는 지하철건설본부와 시공사, 감리사가 큰 책임이 있다고 생각합니다. 그것은 나중에 물론 진상조사단이 조사를 하겠지만, 우선 책임을 져야 됩니다. 아니, 설계도대로 공사를 하지 않고 피해를 발생시켜놓고 이제 와서 그 설계도에 문제가 없고, 감리에 문제가 없고, 전혀 문제가 없었는데 이런 형태의 결과가 초래됐다, 이렇게 주장하는 것은 타당하지 않습니다. 다음부터 그렇게 주장하십시오. 인터뷰가 누가 올 경우에 설계에 변경이 있었던 것은 사실이다, 이렇게 주장을 하셔야 됩니다. 그렇게 주장을 하셔야지, 우리 진상조사단이 가니까 설계 변경 문제 없다, 시공 문제있다, 감리 문제없다, 그래서 우리는 책임 없다, 이렇게 주장하는 것은 서울시 지하철건설본부나 감리사, 시공사 전체가 다 무책임한 것이라고 생각합니다. 이상입니다.
건설1부장 강형우: 문제가 없다고 답변한 적은 없고요. 이것을 정밀 원인 조사를 하면 그 결과에 의해서 시시비비가 가려질 것이라고 얘기를 했습니다."

앞으로 지하철 9호선 운영에 관련해 사고가 발생하면 일차적으로 시공사의 책임이 제기될 가능성이 크다. 서울 시민이 대중교통을 타고 다니다 문제가 생긴다면, 서울시 역시 도의적인 책임을 면하기 어렵다. 그러나 안양천 사례를 볼 때 과연 책임 소재가 명명백백하게 밝혀질지 의문이다.

그래서 정보 공개청구해 서울시가 운영사인 지하철 9호선운영(주)와 별도 협약을 맺었는지, 안전사고 등에 관련해 귀책사유를 명문화한 규정이 있는지를 물었다. 우선 실제 운영사와 서울시는 협약 등 아무런 제도적 관계가 없는 것으로 확인됐다. 공공 교통수단인 지하철을 운영하는 회사를 교통 정책과 시민 안전의 일차적 책임자인 서울시가 제어할 수 있는 방법이 없다는 뜻이다. 또한 귀책사유 관련 규정 역시 서울시가 제출한 자료는 2005년 협약상의 '시공'에 관련된 실시 협약 제5조, 제46조, 제47조에 불과할 뿐 실제 운영 과정에서 일어나는 안전사고에 관련된 내용은 아니었다. 결국 지하철 9호선의 운영상 사고는 운영사인 지하철 9호선운영(주)의 일방 책임으로 끝나고, 관리 책임자인 서울시나 시공사이자 민간 사업자인 메트로9호선 주식회사는 어떤 책임도 피할 수 있게 됐다.

### 부적절한 협약서 — 최소 운임보장, 해지시 지급금 규정

알다시피 지하철 9호선은 최소 운임을 보장하고 있다. 특히 최소 운임이 예상 승객 수를 기초로 해 임의적인 예상 운임을 바탕으로 계산된 점이 문제다. 다른 지하철에서 지하철 9호선으로 흡수되는 승객은 연간 900만 명 정도로 추산된다. 협약서의 일일 예상 승객 수가 2009년 기준 16만 명이라는 점을 감안하면 연간 예상 승객 수는 4800

만 명(연간 예상 운임 수익을 예상 요금으로 나눈 결과는 3766만 명)이 돼서, 사실상 최소 3000만 명에서 4000만 명에 이르는 새로운 승객 수요가 만들어져야 한다.

이런 예상 운임 수입이 미달할 경우 서울시는 최소한 예상 운임 수익의 90퍼센트를 지원해야 한다(최초 5년간 90퍼센트, 다음 5년 80퍼센트, 다음 5년 70퍼센트). 부대 수익 등 기타 수익 사업을 고려하면 민간 사업자가 순수하게 적자를 볼 가능성은 매우 낮다. 협약서상의 기본 운임과 예상 운임 수입을 기준으로 작성된 요금 보전 시뮬레이션을 보자.

2009년을 기준으로 사례 1의 경우에는 230억 원의 이익을 보장받고, 사례 2의 경우에는 188억 원의 이익을 보장받는다. 승객 수가 무려 40퍼센트나 차이가 나도 실제 사업 시행자가 벌어들이는 이익은 18퍼센트만 차이가 날 뿐이다. 게다가 부대사업 운영 수입이 있다. 협약서에 따라 부대사업 운영 수입은 운임 수입과 별개로 사업 시행자의 수입이 된다. 협약서에 따르면 2009년 부대사업 수익은 137억 원정도다. 승객이 60퍼센트만 들어도 사업 시행자는 부대 수익까지 합쳐 325억 원의 수익을 보장받아, 승객이 100퍼센트를 초과해 회수 기준을 상회하는 이익을 얻게 된다. 5458억 원이 민간 사업자가 투자한 전체 비용이라는 점을 고려하면 보장 기준으로만 따져도 민간 투자자는 승객 수에 상관없이 10년 안에 모든 투자 비용을 회수할 수 있다.

협약서의 계약 해지 사유에서도 서울시와 민간 사업자 간에 불평등한 요소가 보인다. 서울시의 귀책사유로 계약이 해지될 경우 서울시는 협약서상의 예상 수익을 근거로 '미래 수익'에 관해서도 보상하게 규정돼 있지만, 시공사의 귀책사유일 경우에는 건설 이자도 공제

협약서상의 운임 보장 규정

제58조(운임 수입 보장 및 환수)

① 운임 수입 및 환수기간은 운영개시일로부터 15년간 하기로 한다.

② 부록12(예상 운임 수입)에 명시된 매년 예상 운임 수입 중 5년 동안은 90%(110%), 10년까지는 80%(120%), 15년까지는 70%(130%)를 보장 기준운임 수입(환수기준운임 수입)이라 한다.

③ 운영개시년도의 경우에는 부록12를 기준으로 운영개시일부터의 일수계산을 한다.

④ 운임수입의 부족에 대해선 서울시의 재정 지원을 원칙으로 하되, 무상사용기간 연장 등을 통해 운임 수입을 보장할 수 있으나, 사업 시행자가 동의하지 않으면 할 수 없다. 당해 년도 12월까지 지급하고 12월 이후의 경우에는 해당 기간의 이자를 포함해 지급한다.

⑤ 초과분의 경우에는 추가운영 비용, 제세공과금을 제하고 서울시에 납부한다.

⑥ 서울시는 초과운임 수입에 대해 사업 시행자가 동의하는 경우에 한해 운임의 인하 및 무상사용기간 단축 등에 반영할 수 있다.

- 부록 12(예상 운임 수입)

| 운영연도 | 기본 운임 (원) | 예상 운임 수입(억 원) | | | 보장 및 환수 기준 금액 (억 원) | |
|---|---|---|---|---|---|---|
| | | 기본 | 2단계 | 합계 | 보장 기준 | 환수 기준 |
| 2009 | 1,264 | 476 | – | 476 | 428 | 523 |
| 2010 | 1,307 | 729 | – | 729 | 656 | 802 |
| 2011 | 1,352 | 864 | – | 864 | 778 | 950 |

* 2009년 7월 24일 개통으로 했을 경우, 2009년의 예상 운임 수익은 209억 원, 보장 기준액은 188억 원 환수기준액은 230억 원이 된다.

* 운임의 수준은 부록 11(운임수준 및 운임조정)에 예시된 불변기본 운임을 근거로 하며, 동협약서 제33조에 의해 운임의 결정은 부록 11의 기준을 벗어나지 않는 한 사업 시행자가 자율적으로 결정할 수 있도록 되어 있다.

[2009년]: 사례 1 - 부록 21(추정 교통 수요)에 의거해 추정 교통 수요에 충족.
　　　　　 사례 2 - 부록 21(추정 교통 수요)에 의거해 추정 교통 수요의 60% 충족.

사례 1: 사업 시행자 운임 수입: 165,625명/일x161일x900원=240억 원(환수대상)

※ 최소예상 운임환수: 230억 원에서 10억 원 초과=전체 230억 수입

사례 2: 사업 시행자 운임 수입: 99,375명/일x161일x900원=144억 원(보장대상)

※ 최소예상 운임보장: 보장 기준 188억 원에서 44억 원 부족=44억 원(재정 지원)+144억 원 =188억 원

> **협약서 부록 16(해지시 지급금의 산정)에 따른 양자간 지급금 현황**
>
> – 협약서상 기준: 운영 기간 30년, 예상 수익률(8.9%), 총민간 투자비 4,795억 원(협약서 14조)
> – 공사기간: 2001년부터 2009년(9년), 9년간 평균 이자율 8%, 기회비용(1000억 원)
> – 운영 1년 후 각각 양방의 귀책사유로 운영하지 못했을 경우(기간 동안 물가상승률 3%로 가정)
>
> 1. 사업 시행자 귀책사유: {(총민간 투자비-건설이자)-1년 운영 기간 동안의 상각비}x1년간 물가상
> 승률={(4,795-383)-160x9}+127=3099억 원
> 2. 서울시 귀책사유: 사업시설의 잔존가치x(1-잔여운영 기간비율)+미래 수익금(보장운임기준)x잔여
> 운영 기간={(4,795+1000)-163}x0.04+미래 수익금=189+8700억(부록 17 불변현금흐름표상 비
> 운영 기간 현재가치 합계액으로 추정)=8889억 원

하고 운영 기간 동안의 상가 비용도 공제한다.

협약서의 계산 방식에 따라 부담금을 추정해보자. 양자의 귀책사유에 따라 계약이 해지될 경우 산술적으로 서울시는 사업 시행자에 견줘 2배가 넘는 부담금을 책임지게 돼 있다. 여기서 가장 크게 문제되는 부분은 예상 수익률을 8.9퍼센트로 고정한 점이다. 따라서 민간 사업자는 수익률에 따른 예상 수익이 미래 수익으로 계산된다. 또한 추정치에 근거한 수익 계산이 반영된 불변 현금 흐름표가 심각한 사회적 또는 경제적 상황 변화가 없다면 그대로 기준이 된다.

또한 협약서 제91조에 따라 민간 사업자는 지하철 9호선 관리 운영권을 바탕으로 은행권 대출을 할 수 있으며(목적의 제한을 두지 않고), 서울시는 해당 대출을 일방적으로 인정해야 한다. 또한 제93조

---

**6** 애초 시뮬레이션에는 협약서의 최소운임 보장 기준과 별도로 기본 운임에서 나타나는 차이(2009년의 경우 364원)를 보전해주는 것으로 추계했지만, 수정하면서 최소운임 보장 기준만을 근거로 했다. 서울시에 여러 차례 확인한 결과 매번 "별도의 수익보장은 없다"는 답변을 들었기 때문이다. 그렇다면 애초 1500원대의 요금을 제시한 민간 사업자가 어떤 근거로 900원의 기본 운임을 받아들였는지 의문이 들 수밖에 없다. 이면 합의 의혹이 제기되지만, 시간이 지나면 밝혀질 것으로 생각한다(2014년 상황에서 보면 "별도의 수익보장은 없다"는 주장은 거짓말인 셈이다).

에는 "서울특별시의 의무에 관해 통치행위 등을 이유로 면책주장이나 항변을 하지 않기로 하며 이는 취소할 수 없다"는 제한 규정을 둔다. 시장이 바뀌어 정책 방향이 변경되더라도 2005년 이명박 전시장이 맺은 협약은 지속적으로 효력을 갖는다는 의미다(청계천 이주 상인에 대한 대책에서 오세훈 전 시장은 전임 시장의 약속을 그대로 이행할 책임은 없다고 밝힌 바 있다!). 반면 운영 사고에 관련된 처리 책임 등 민간 사업자가 시공사와 운영자로서 책임져야 할 부분에 관해서는 명확한 언급이 없다.

마지막으로 운영 수입 중 많은 비중을 차지하는 시설 임대 수익에 관해서는 재분배 내용이 없다. 현재 서울시와 메트로9호선주식회사가 맺은 협약서에 따르면 시설 임대 수입 등 관리 수입은 포괄적으로 민간 사업자의 수익으로 계산된다. 서울시의 보전 방식이 전체적인 운영 수입이 아니라 운임 수입으로 한정된 이유를 확인해야 하지만 정확한 근거를 찾아보기 어렵다.

**자유롭게 접근할 수 있는 정보?**

오세훈 전 시장의 방침 사업으로 추진된 한강 매점 민간 투자 사업을 보자. 서울시는 2007년 기존의 한강 매점을 철거하고 훼미리마트라는 편의점을 설치했다. 서울시가 20억 원 이상 사업자를 선정한 결과다. 문제는 이렇다. 8년간 운영권이 보장되는데, 매년 보광훼미리마트가 어느 정도 수익을 벌어들이는지 알려주는 정보는 없다. 서울시에 정보 공개 요청을 했으나 '해당 사항이 없다'는 말만 들었다. 지금까지 한강 매점은 서울 시내 저소득 시민의 자활 수단으로 제공됐다. 그런데 한강르네상스 사업을 추진하는 과정에서 미관상 이유로 매점을 철거하면서도 타당성 조사나 의견 수렴을 거치지 않았다. 또한 지금 그런 민간 투자 사업이 타당했는지 살펴볼 수 있는 기본 자료도 접근할 수 없다.

이런 사정은 지하철 9호선에서도 똑같이 반복될 것이다. 관련 협약서에는 사실상 민간 사업자로 규정돼 있어 공공 교통수단인 직접적인 정보 공개의 대상이 되지 못한다. 도시철도공사 등 다른 지하철 운영 주체에 견줘 시민들의 정보 접근도가 상당히 떨어지는 셈이다. 협약서 제95조는 "이 협약의 조건과 이 협약을 수행하면서 얻어진 정보를 보관하며 상대방의 동의없이는 어떠한 자에게도 동 정보를 제공하지 아니한다"고 규정하고 있다. 다시 말해 메트로9호선주식회사의 동의가 없으면 지하철 9호선에 관련된 정보는 공개되지 않도록 한 셈이다. 공공 기관의 정보에 관해 차별 없는 공개 원칙을 견지하고 있는 정보 공개법의 입법 취지에 정확하게 배치되는 조항이다.

당장 서울시메트로9호선주식회사(시공사)와 지하철 9호선운영주식회사(운영사)가 맺은 계약서도 사인 간의 계약 관계가 돼 공개가 힘들다. 결국 민간 사업자는 옥상옥의 계층 구조를 갖게 되고, 그만큼 지하철 9호선의 운영에 관련된 정보는 공개되기 어렵다. 현행 민간 투자 사업이 '재정 보완'이라는 목적만을 위해 추진되면서 공공 사업에 관한 시민의 정보 접근과 감시 활동에 관한 고려가 전무한 데서 원인을 찾을 수 있다.

더군다나 지하철 운영 현황을 검토하는 데 핵심적인 내용도 비공개 처리되기 일쑤다. 실제로 진보신당(현 노동당) 서울시당이 2009년 5월 22일 정보 공개 청구를 통해 역사운영계획(안), 자회사/협력회사 현황, 고용 인원, 역사 내 매점 낙찰 가격, 정거장별 상가 현황, 임대차 계약서와 경영계획안 등은 '사업 시행자인 서울시메트로9호선(주)의 경영 비밀에 관한 사항으로 공개될 경우 법인의 정당한 이익을 해할 우려가 있다고 인정되어' 비공개로 처리됐다.

중요한 점은 동일한 사항에 관해 도시철도공사나 서울메트로는 공개 대상이라는 사실이다. 공익성을 지닌 동일한 대상을 놓고 운영자가 민간 사업자라는 이유만으로 정보 접근이 제한되고 있는 것이다. 더욱이 서울시가 민간 사업자의 이익을 보장해주는 데 신경을 쓰고 있어 사실상 공공 역사가 민간 사업자의 분양 상가로 운영돼도 시민들은 관련 사항을 감시하고 검토할 수 있는 방법이 없다.


**형식적인 요금 결정 절차도 외면하고**


현재 '서울특별시 물가대책위원회의 설치 및 운영에 관한 조례(물가대책위원회 조례)'는 지방자치법이 보장하는 지방자치단체의 물가 결정권에 따라 제정된 조례로, 제2조에서 물가대책위원회는 '물가의 안정 및 소비자의 보호'를 목적으로 하고 있다고 밝히고 있다. 물가대책위원회는 물가 정책을 자문하며 시장이 결정하거나 관여하는 요금 중에서 교통 요금이나 도시가스 요금 등을 심의한다. 특히 교통 요금에 관해서는 제10조를 통해 시의회의 의견을 청취하도록 하고 있으며, 같은 조항을 통해 관련 사항을 심의하기 위해 전문가 등의 의견을 청취할 수 있다.

물론 현행 물가대책위원회는 법정 위원회인데도 매우 제한적인 기구다. 물가대책위원회는 상설위원회이지만 사실상 소집 권한을 서울시장이 가지고 있어 2007년에는 단 1차례 열렸을 뿐이며, 2008년에는 단 한 차례의 회의도 개최되지 않았다. 또한 위원 구성에서도 전체 26명 중 9명만이 이른바 소비자 대표로 위촉됐으며, 이 중 대중교통 이용자를 대표할 수 있는 단체는 한 곳도 없다. 다시 말해 교통 요금의 직접적인 이해관계자인 이용자의 의견이 제대로 반영될 수 있는 방법이 없는 셈이다.

문제는 지하철 9호선이 이런 제한적인 위원회의 심의도 거치지 않았을 뿐만 아니라 이 조례에 규정된 시의회의 의견 청취를 거치지 않았다는 사실이다. 확인해보니 서울시는 '기존의 지하철 요금하고 같은

900원이기 때문에 별도의 시의회 의견 청취는 필요하지 않다'는 견해
인 듯한데, 심각한 문제가 있다.

지하철 9호선과 기존 지하철은 운영 체계 자체가 다르다. 민간 투
자 사업으로 추진된 지하철 9호선은 지하철공사 같은 공기업이 별
도의 민간 운영 기업이 운영한다. 또한 '요금 보전'이라는 별도의 재
정 지출이 따른다. 다시 말해 900원으로 요금이 같더라도 그런 요금
을 결정하는 데 따르는 부대 조건들이 다르다는 것이다. 더 엄밀히 말
하면 900원 요금이 책정되더라도 이용자별 요금 보조로 300원가량이
간접 지원된다면 사실상 요금은 1200원으로 보는 게 타당하며, 이 점
은 반드시 관련 법령에 따라 시의회 의견 청취와 물가대책위원회 심의
가 필요한 사항이다.

---

**2010년 지하철 9호선 요금 보전에 따른 서울 시민의 부담**

- 모든 자료와 전제는 앞의 요금 보전 시뮬레이션과 동일.
- 2010년의 경우, 예상 승객 수(192,952명/일)의 90퍼센트만 탑승하고 요금은 900원으로 동일
  하다고 가정.
  사업 시행자 운임 수입: 173,656명/일x365일x900원=570억 원(보장 대상)
- 최소 운임보장: 656억 원(보상 기준)-570억 원=86억 원

  =86억 원 보전
- 2005년 기준 서울시 가구수: 3,344,352가구
  2010년 지하철 9호선 요금 보전 서울 시민 부담액: 1가구당 연간 2400원

---

앞의 요금 보전 시뮬레이션의 조건하고 모든 조건이 동일하다는
전제 아래 2010년 상황을 예측해보자. 예상 승객 수의 90퍼센트만 든
다고 가정하면 2010년에 1가구당 2400원 이상의 간접 요금을 내야
한다. 이런 서울 시민의 부담은 승객 수가 예상 승객 수보다 낮을수
록 커질 뿐만 아니라 해가 지날수록 더 늘어나도록 설계된 최소 운임

보장 기준에 따라 자연적으로 늘어날 전망이다. 지하철 타든 타지 않든 서울 시민이면 누구나 내는 돈이다.

## 의견 수렴 없는 일방통행 — 첨단을 달리는 민간 투자 사업, 퇴행하는 공공성

2005년에 서울시와 시공사인 서울시메트로9호선주식회사가 맺은 실시 협약서의 부록21에 제시된 추정 교통 수요를 보면, 2009년 순승차 인원으로 1일 16만 명을 추정하고 있다. 보통 하루 20시간 운행을 기준으로 하면 1시간당 승차 인원은 대략 8000명 정도다. 이런 수치는 해가 갈수록 승객이 늘어난다는 것을 가정하고 있다.

그러나 공항철도 사례에서 알 수 있듯이 예상 승객 수에서 예측과 현실의 간극은 상당히 크다. 지하철 9호선만 하더라도 누가 연구 용역을 했느냐에 따라 1일 승객 수가 2배 이상 차이가 나기도 한다. 이런 수치를 바탕으로 한 실시 협약서와 최소운임수입보장이 민간 사업자에게 어떤 특혜를 줄지 뻔하다.

뿐만 아니라 지난 1999년 마련된 '서울특별시 중기교통종합계획'[7]에 따라 2011까지 서울시 교통 관련 재정과 교통 관련 투자비를 비교할 때 3조 3123억 원이 부족할 것으로 예상됐다. 따라서 본 계획에서는 자체 재원의 강화(지방주행세 도입, 세율 인상, 주차세 도입), 국세의 지방세 이양(유류세 등), 개발 이익의 환수 방안 강구(교통 시설 개

---

**7**  도시교통정비촉진법에 따라 1994년에 수립된 교통정비기본계획(20년)을 바탕으로 10년 단위 중기 계획으로 구성된 법정 계획. 2011년을 시한으로 작성됐다.

| 지하철 9호선 수요 예측 현황 | | | | |
|---|---|---|---|---|
| 기관 구분 | 기준 | 1일 수송 수요 (인/일) | 영업 거리 (Km) | 킬로미터당 수요 (인/일) |
| 실시 협약 수요 (전구간, 2021) | 승차 기준 | 427,391 | 38 | 11,247 |
| 직결 연구 수요 (전구간, 2021) | 승차 기준 | 440,000 | 38 | 11,578 |
| 벽산/청석 수요 (전구간, 2031) | 승차 기준 | 750,000 | 38 | 19,736.8 |
| KDI PIMAC (전구간, 2031) | 승차 기준 | 364,729 | 37.5 | 9,726.1 |

출처: KDI PIMAC, 〈서울지하철 9호선2단계건설 사업(2005년도 예비 타당성 조사 보고서)〉, 2005년 8월.

선을 통해 이익을 보는 제3자에게서 개발 이익을 환수), 민간 투자 유치 등 4가지 방안을 제시했는데, 이 중 서울시는 민간 투자 유치 사업만 추진한 셈이다. 특히 역세권 주변의 개발 이익 환수는 의지만 있었다면 충분히 가능한 사안이었지만 적극 활용하지 않은 것은 분명 문제다.

그 연장선상에서 지하철 9호선을 계획하면서 전체 공사비의 불과 16퍼센트에 해당하는 4700억 원 규모의 재원을 확보하려고 민간 투자 사업을 추진하는 게 타당했는지 짚었어야 했다. 물론 지금처럼 의견 수렴 절차가 포괄적이고 개방적으로 규정되지 않은 상황에서는 서울시의회 같은 제한된 의견 수렴 과정이 중요하다. 그러나 실제 상황을 보면 한계가 많다. 대부분 이해관계자일 가능성이 높기 때문이다. 다음으로 지하철 9호선 사업이 추진된 맥락을 살펴보고 2단계 사업 등에서 드러나는 문제점을 통해 실제 운영에 관련된 사항을 짚어보자.

## 땅값을 올린다? — 재개발 부속 사업이 된 지하철

먼저 서울시의회 논의 현황을 살펴보자. 서울시의회 전자회의록을 검토한 결과 지하철 9호선을 다룬 회의는 전체 12만 건 중 61건이다. 2006년 이전의 내용은 대부분 예산안 검토 때 행정부가 보고하는 내용을 청취하는 수준이었고, 개통한 2009년까지 지하철 9호선 운영에 관련해 구체적으로 논의한 회의는 2~3회에 불과하다.

2009년 3월 회기에서 요금 결정 과정에 관한 질의나 2008년 11월 행정사무감사 때 지하철 9호선 승강기 설치와 관련된 질의는 매우 시의적절해 보이지만, 단발성 질문에 그치고 만다.

특히 2007년 6월 교통위원회 질의 내용을 보면 애초 2조 4000억 원 규모의 전체 사업비가 3조 3000억 원으로 늘어났다는 문제가 제기됐다. 서울시는 물가상승률 5퍼센트를 반영했다고 해명하지만, 2006년 추가경정 예산안 심의를 보면 부족 사업비로 908억이 반영된 사실을 알 수 있다. 다시 말해 매년 지하철 9호선 공사 기간 동안 추가 예산이 편성돼 지출된 것이다. 회의에 출석한 김영걸 본부장은 '시스템의 문제'라고 답했다. 중요한 것은 이런 시스템의 문제 때문에 민간 사업자의 투자액도 그만큼 늘었느냐 하는 점이다.

그러나 시의회의 감시는 실제적인 효과를 내지 못했다. 구조적인 한계 탓이라고 할 수도 있지만 시의회의 주된 논의 흐름하고 다르기 때문이었다고 보는 것이 정확하다. 시의회의 관심은 교통수단으로 적실성이나 시민의 부담 정도가 아니라 특정 지역의 개발 이익과 기대 심리였기 때문이다. 이런 측면은 2단계와 3단계 공사 과정에서 구체적으로 드러난다.

## 지하철 9호선 2, 3단계 확장 공사의 문제점

현재 지하철 9호선 2단계 공사는 2009년 연말에 착공이 예정돼 있고, 별도로 기존 노선을 증설하는 방안에 관한 타당성 조사가 발주됐다. 따라서 지하철 9호선의 문제는 현재 개통을 기다리고 있는 1단계 구간뿐 아니라 2단계와 3단계 공사까지 염두하고 따져봐야 한다.

지하철 9호선 각 단계의 구분을 좀더 명확하게 하기 위해 편의상 2단계 사업에 '논현-방이' 구간을 포함한다. 일부에서는 2단계 사업이 '논현-종합운동장'과 '종합운동장-방이'로 구분돼 추진된다는 점 때문에 전자를 2단계 사업이라고 부르고 후자를 3단계 사업이라고 부르지만, 사업 구상에서 '논현-방이'가 2단계 사업으로 추진됐다는 점에 근거해 통칭 2단계 사업으로 부르겠다.

또한 3단계 사업은 애초 중기교통종합계획에서 제출된 '방이-강일(하남)' 구간 사업을 지칭한다. 현재 서울시 계획에 따르면 2단계 사업까지 확정 사업으로 2014년 개통이 목표다.

### 2단계 공사 현황

현재 1단계 종점인 신논현역에서 송파구 둔촌역까지 연장하는 2단계 공사에 필요한 관련 기관의 행정 절차는 모두 완료된 상태다. 2단계 공사는 2009년 연말에 착공할 예정인데, 2009년 초 서울시의회에 보고된 내용에 따르면 논현에서 종합운동장 구간까지는 4000억 원가량이 소요될 전망이고, 방이동까지 이어지는 잔여 구간은 8000억 원이 소요돼 전체 사업비만 1조 2000억 원가량이 책정된 상태다.

---

8 "설계관리부장 이문희입니다. 말씀드리겠습니다. 총사업비가 늘어나는 것은 당초에 총사업비 산정은
기본 계획이라고 해서 설계를 완벽하게 하지 않고, 어떤 노선의 총연장에다가 킬로미터당 아니면 미터당
단가를 곱해서 총사업비를 산정을 합니다. 그리고 기본 계획이 된 총사업비가 기본설계를 합니다. 그러
면 구조물 도면도 그리고 개략적인 도면을 그리면, 또 사업비가 당초에 계획했던 사업비하고 변동이 있
을 수도 있습니다. 그리고 기본설계가 끝나고 나면 실시설계를 합니다. 실시설계를 하면 더 상세한 도면
을 그리기 때문에 사업비가, 거의 정확한 사업비가 나옵니다."

지하철 9호선 1단계 구간도 애초 2조 4000억 원 규모에서 3조 5000억 원 규모로 1조 원가량이 증가한 데서 알 수 있듯이 대부분의 건설 사업이 중간에 막대한 예산을 증액한다. 1조 2000억 원 규모의 2단계 공사 역시 최소 2조 원을 상회할 전망이다.

- 서울특별시 중기교통종합계획(1999.3.)
- KDI 공공투자관리센터 타당성 검토(2005.8.)
- 건교부 중앙도시교통 정책심의위원회 확정(2007.10.)
- 서울시 도시계획위원회 통과(2008.10.)
- 공사 착송(2009)
- 공사 완료(2013)

### 3단계 계획 현황

애초 1999년 중기교통종합계획에는 지하철 9호선을 하남선, 강동과 하남을 연결하는 별도 노선에 연결하는 방안이 제시됐다. 원래 지하철 9호선이 서쪽으로는 공항철도에 직결하고, 동쪽으로는 하남시와 구리까지 연결되는 계획으로 구상됐기 때문에 가능한 방안이었다. 그러나 김포 신도시를 비롯해 신도시 건설이 예정돼 있던 양곡까지 노선 연장이 고려되다가 양곡 신도시 규모가 축소되면서 사실상 김포선은 무산된 상황이다. 마찬가지로 초반에는 지하철 9호선 본선의 차량 기지를 하남시에 유치하려고 했지만 하남시가 반대해 강동 연장 노선도 축소된 상황이다.

그런데 강동 지역의 주민 여론에 국회의원과 시의원의 요구까지 더해져 강동 연장 노선이 다시금 수면 위로 떠올랐다. 2008년 4월 29일 제173회 서울시의회 임시회에서는 '지하철 9호선 강동구 연장에 관한 청원'이 제출됐다. 강동구 주민들의 서명을 받아 제출된 청원안은 '2단계 마지막 역인 방이동에서 하남시까지 지하철 9호선 구간을 연장'하자는 안으로, 둔촌지구 재개발 사업과 하남시 풍산지구 개발이 교통 수요의 근거로 제시됐다.

시의회 회의록을 보면 이 안에 관해서도 대부분의 교통위원회 소속 시의원은 물론이고 담당 공무원들도 난색을 표했다. 우선 막대한 공사비 문제지만 당장 교통 수요를 장담할 수 없었기 때문이었다. 그러나 2008년 12월 10일 제35회 서울시의회 정례회 중 예결특위에서는 '방이역-하남시' 연장 노선에 관한 타당성 조사 용역비로 3억 원이 증액 편성됐다. 서울시는 2009년 2월 송파구 오륜동에서 강동구 강일동에 이르는 연장 노선의 타당성 조사 용역을 발주했다.

문제는 지하철 9호선 2단계와 3단계 사업이 과학적인 교통 수요 예측에 기반을 둔 타당성 조사를 거쳐 확정된 게 아니라 시행자인 서울시의 일방적인 의지나 지역 주민의 여론에 떠밀려 추진되고 있다는 사실이다. 이렇게 추진되는 대규모 건설 사업은 대부분 막대한 재정 부담으로 작용할 것이어서 매우 부적절하다. 실제로 서울시가 지난 2005년 한국개발연구원KDI 공공투자관리센터에 의뢰한 '서울지하철 9호선 2단계 건설 사업' 예비 타당성 조사 보고서를 보면, 2단계 노선이 사업의 타당성보다는 시행자의 의지에 따라 좌우된 사실을 알 수 있다.

KDI 보고서는 '강남-방이'(대안 1)의 전 노선 개통과 '강남-잠실역'(대안 2)의 부분 노선 개통을 각각의 대안으로 해 타당성을 검토했다. 이 보고서를 통해서도 알 수 있듯이 민간 사업 제안자의 수요 추정과 다른 연구 기관의 수요 추정은 3배에서 4배에 이르는 차이를 보이고 있으며, 그 결과 예상 운임 수입의 차이는 곧바로 사업의 경제성

| 연구 수행 기관 | 노선 | 수송 수요 | Km사업비 | B/C 결과 | 분석 연도 |
|---|---|---|---|---|---|
| 벽산/청석 엔지니어링 | 38Km | 일일 144만 명 | 900억 원 | 2.64 | 2001 |
| 한국교통연구원※ | 38Km | 일일 38만 명 | – | – | 2005 |

※ 한국교통연구원의 자료는 인천공항철도와 지하철9호선의 직결을 전제로 한 연구임.

| 분석 기법 | 대안 1 (강남-방이) | 대안 2 (강남-잠실) |
|---|---|---|
| 편익/비용 분석 | 1.01 | 1.24 |
| 순현재가치 | 65억 원 | 1147억 원 |
| 내부수익률 | 6.6% | 8.3% |

분석에 직접 영향을 줄 가능성이 높다. 따라서 KDI는 1단계 26킬로미터를 제외하고 2단계 노선 12킬로미터를 전체 개통하기 보다는 부분 개통하는 게 더욱 타당하다고 제안한다.

특히 도시철도 건설의 주요 목적인 자가용 수송의 분담, 곧 교통분담률 개선에는 그리 큰 영향을 주지 못하는 것으로 나타났다. 보고서에 따르면 전 노선 개통(대안 1)으로 사업을 시행하더라도 지하철 수송분담률은 2031년까지 18.6퍼센트에 불과해서 2003년의 16.8퍼센트에 견줘 2퍼센트 정도의 분담률 상승만 기대되고 있다. 그런데 부분 노선 개통(대안 2)으로 사업을 시행할 때는 2031년에 18.5퍼센트로 예상돼 사실상 대안 1에 견줘 별반 차이를 보이지 않는다. 다시 말해 전 노선 개통이 서울시의 수송 분담 구조 개편에는 별다른 효과가 없다는 것이다.

또한 수요 예측 현황을 보더라도 대안 1로 추진할 경우 1단계 개통 노선과 함께 재차 인원이 일일 최대 5만 6000명에서 10만 명으로 증가하지만, 대안 2로 추진할 경우에도 최대 5만 6000명에서 8만 명으로 증가할 것으로 예측돼 사실상 2만 명 정도의 차이밖에는 나지 않는 것으로 나타났다. 결국 KDI는 대안 2가 대안 1보다 경제성이 더 높다는 결론을 내린다.

그런데 KDI 보고서는 이렇게 결론을 맺는다.

방이까지 건설하는 대안과 잠실까지 건설하는 대안의 비교 시 잠실까지가 경제성 및 재무성으로 우수하지만, 서울시와 지하철건설본부는 전 구간 개통에 대해 의지가 매우 강하며, 해당 시민들 또한 호의적임.

사업 타당성이나 경제성으로 따져도 대안 2가 우월하지만, 서울시의 의지가 강해서 방이까지 전 노선 개통을 추진한다는 말이다. 도시철도 건설 같은 대규모 사업이 '서울시의 의지'만으로 추진되는 것이다. 서울시의 지하철 9호선 2단계 건설 사업은 상하부 토목 사업에 한정된다. 실제로 지하철 운영에 관련해서는 뚜렷한 계획이 없다는 말이다.

지금 같은 구조라면 1단계 구간을 운영하고 있는 메트로9호선주식회사가 운영사로 선정한 지하철 9호선운영(주)가 담당할 가능성이 크다. 사실상 하나의 노선인데도 별도의 운영사를 두는 것은 불합리하기 때문이다. 문제는 메트로9호선주식회사와 서울시가 맺은 협약서의 어디에도 2단계 구간의 운영에 관한 명확한 규정이 없다는 점이다. 다만 앞서 살펴본 KDI 보고서는 2단계 구간의 민간 투자 사업 추진에 관해서도 재무성 분석이 우수하다고 예측했다. 대안 1의 경우에도 실질사업수익률이 8.90퍼센트로 1단계 사업과 동일한 수익률이 나오고, 대안 2의 경우에는 실질사업수익률이 11.85퍼센트로 나왔다. 적어도 9호선 1단계 구간만큼의 수익률이 나오는 셈이다.

그러나 서울시는 해당 구간에 관련된 민간 투자 사업 제안을 하지 않았다. 2006년 민간 투자 사업법 상의 운영 수익보장 제도가 사라졌기 때문으로 보인다. 현행 1단계처럼 운영 수익이 보장되지 않는 구조라는 말이다. 그리고 지금 같은 구조에서는 1단계 민간 사업자가 그대로 2단계 운영 기관이 될 가능성이 크다. 민간 투자 부분에 참여하지 않아도 2단계 12킬로미터의 노선을 운영할 수 있게 된다.

정리하면 2006년 운영 수익보장 조항이 사라지기 전에 체결된 지하철 9호선 1단계의 실시 협약이 2단계 공사에 따른 운영 수익을 그대로 보장받게 되는 상황이 발생할 수도 있다는 것이다. 현재 지하철 9호선 1단계 구간 개통을 둘러싸고 제기되는 이런저런 문제들은, 2단계와 3단계 개통이 가시화되면 빙산의 일각이 될 수도 있다. 따라서 지금이라도 여러 문제들을 다시 따져봐야 한다.

계획만 1조 2000억 원에 이르고 예측치로는 2조 원에 육박할 건설비를 마련하는 것이 문제다. 1단계하고 다르게 전체 재정 사업으로 추진될 예정인 2단계 사업의 건설비는 전액 서울시와 정부의 부담으로 남게 된다. 그러나 지하철 9호선 개통에 따른 개발 이익은 민간 건설사와 재개발 업체들이 독식하고 있다. 실제로 서울시가 의뢰해 2009년 5월에 완료된 보고서 〈도시철도 민자 사업 추진체계 정립 및 활성화 방안〉에 따르면, 서울시는 향후 추진될 7개 추가 노선에 관해 '도시 개발과 교통 계획이 종합적으로 추진되는 방안'으로 계획을 마련해야 한다는 제안이 나왔다. 역세권 개발 이익을 지하철 건설 부문의 부담을 최소화하는 재원으로 활용해야 한다는 제안이다.

앞서 살펴본 지하철 9호선 2단계 조기 착공 주장이나 3단계 건설 제안은 모두 명확한 교통 수요에 따른 요구라기보다는 지하철 개통에 따른 지가 상승 등 부수적인 경제적 이득을 기대하며 제안되고 있다. 이런 개발 이익은 공공의 투자로 만들어진 만큼 공공 차원의 환수 계획이 반드시 필요하다. 1단계 운영에 따른 실시 협약은 전적으로 민간 사업자가 16퍼센트의 건설비를 사용했기 때문에 적용되는 내용이었다. 그러나 2단계 구간은 전적으로 재정 사업인만큼, 2단계 개통에 따른 1단계 노선의 운임 수입이나 2단계 운영에 따른 수익 부분은 명확하게 다른 원칙에서 논의돼야 한다.

지하철 9호선 계획만 하더라도 승차 기준으로 초기 민간 사업 제안자(2001년)는 일일 수송 인원을 75만 명으로 예측했고, 시정개발연구원(2001년)은 44만 명, 실시 협약(2005년)은 42만 명, KDI(2005년)는 36만 명을 추산하고 있다. 문제는 초기 사업 시작은 대부분 과대 계상된 민간 사업 제안자의 추산을 근거로 시작된다는 점이며, 공공의 검토 과정에서도 과다 계상이 발생하고 있다. 서울시가 중장기적인 교통 수요에 관해 명확한 예측을 하지 못하고 있다는 점을 보여주는 대목이다.

**대중교통 정책 수립과 이용자 참여 — 해외 사례**

현재 지하철 건설 방식은 한정된 투자 재원으로 일단 노선을 짓고 보는 건설 위주의 사업 방식이다. 특히 지하철 9호선은 30년의 민간 운영 기간이 끝나면 대부분의 시설이 노후될 것이다. 사업자는 마지막 5~10년에는 추가적인 시설 투자 유인이 없으니 당연하게도 서울시가 추가로 시설을 보강해야 한다.

그런데도 현재 서울시의 교통 정책은 전형적인 D−A−D(D$_{decide}$ A$_{announce}$D$_{defend}$) 방식, 곧 결정한 다음 일방적으로 공표한 뒤 이런저런 지적에는 방어하기에 급급한 전형적인 교통 정책 수립 과정을 보여왔다. 이런 상황에서 형식적인 시민 참여는 결국 마케팅의 일환이거나 여론 조작의 도구로 활용될 뿐이다.

지하철 9호선에 관련해서는 여기에서 제기되는 문제점을 살펴보는 것을 시작으로, 대중교통 체계, 특히 지하철 운영에 관련해 이용자 중심의 정책이 필요한 시점이다. 그럼 대중교통 이용자 모임에 관련한 해외 사례를 살펴보고, 우리에게 주는 시사점을 살펴보자.

### 제도화의 관점

미국의 종합육상교통효율화법은 기본적으로 민간 투자를 활성화하기 위한 입법 목적을 가지고 있으면서도 "주 의회의 입법 활동 결과, 주요 투자에 관한 연구에서는 반드시 협의 과정에서 일반 시민에게 참여 기회를 제공할 것을 규정"한다. 실제로 샌프란시스코 지역의 간선급행버스BRT 건설에서 법적으로 규정돼 있는 주요 투자 연구MIS 와 환경영향평가서EIS 회의 개최 현황[9]을 보면 주민이 참여하는 회의의 비중이 상당히 높다는 것을 알 수 있다.

시 정부가 대중교통이용자위원회를 지원하고 구성하는 사례도 있다. 런던에는 런던대중교통이용자위원회가 있고 뉴욕도 대중교

---

9  에릭 켐펠, 〈미국교통계획의 시민 참여제도: 역사, 법규 그리고 사례〉, 한국교통연구원.

| 구분 | 주요 투자 연구(MIS)<br>(1999~2001) | 환경영향평가서(EIS)<br>(2003~2006) |
|---|---|---|
| 단체 | 10 | 45 |
| 정책 입안자 | 8 | 7 |
| 정책 입안자/주민 | 4 | 4 |
| 주민 | 7 | 6 |
| 투자자 | 4 | 10 |
| 합계 | 33 | 72 |

통이용자위원회가 운영되는데, 대중교통 정책을 수립하는 과정에서 단순히 자문 구실에 머무르는 게 아니라 이용자들이 정책 담당자와 업계 관계자에게 질문을 하거나 의견을 개진하는 것부터 정책 제안까지 폭넓은 권한을 부여받는다.

대중교통 수단 도입에 관련해서 주민투표 방식이 도입된 사례도 있다. 2001년 미국 텍사스 주 오스틴에서 경전철 도입 문제를 두고 주민 찬반 투표가 진행되기도 했다. 특히 오스틴 주민만 아니라 인접 지역의 주민들까지 포괄해 진행했고, 결국 2000표 차이로 경전철 도입이 무산됐다.

### 비제도적 이용자 모임의 관점

뉴욕에서는 '뉴욕지하철 시민모임Strap hangers'가 구성돼 지하철 이용 때 불편 사항, 지하철 역사의 안정성에 관한 이용자 조사를 실시하고 있다. 지하철 평가 항목은 정시성, 서비스, 혼잡도, 청결도 등 6개이며, 결과를 취합해 좋은 역사와 나쁜 역사 순위를 발표한다. 시민모임은 요금 문제에도 밀접하게 개입한다. 2007년 뉴욕시 독립예산처가

지하철 요금 인상 계획을 발표하자 마이클 불룸버그 시장에게 추가 재정 지원을 촉구하는 성명을 발표하기도 했다. 이 과정에서 예산 절감을 이유로 추진된 심야 노선 단축 등에 관한 의견도 적극 개진됐다.

또한 시민모임은 뉴욕 교통청MTA의 재정을 분석하고 이용자 파업(2003년)을 조직하는 한편, 2005년 초유의 뉴욕 지하철 파업때도 파업의 이유와 근거를 따져 뉴욕시와 노동조합을 협상 테이블로 불러내는 구실을 하기도 했다(홈페이지에서 뉴욕시와 교통청 홈페이지에 이용자들의 의견을 직접 제안하는 캠페인을 진행하기도 했다).

또 프랑스의 리옹에서도 1989년 환경운동가부터 좌파 정당, 노동조합, 시민단체, 택시 노동조합 등이 참여하는 대안 교통 단체 달리DARLY가 구성돼 자동차 위주의 교통 체계를 대신할 새로운 접근법을 모색한 사례가 있다. 특히 시 정부가 교통종합계획을 작성할 때 '자가용 제한, 대중교통 확충, 도보와 자전거 지원 정책 마련 등 핵심 의제들을 반영하려고 노력했다.

### 해외 사례의 시사점

제도화의 관점에서든 비제도화의 관점에서든 대중교통 정책에서 시민 참여는 전세계적으로 볼 때 일반적인 현상이다. 특히 단순히 정보 전달 차원이 아니라 권한의 부여까지 연계되는 실질적인 시민 참여 방식이 점차 확대되고 있는 실정이다. 대중교통이 지닌 사회적 영향력이 상당히 높기도 하거니와 대중 교통수단 도입에 따른 시민들의 부담이 직접적(요금)이든 간접적(보조금)이든 발생한다는 점을 고려할 때 당연한 귀결이다.

그런데도 지하철 9호선 사업을 추진하는 과정에서 시민 의견을 수렴하려는 노력은 전무했고, 요금 결정 과정에서 직접적인 요금 부담 말고 간접적으로 서울 시민 전체가 질 수밖에 없는 보조금 문제에 관련된 정보도 공개하고 있지 않다. 서울시는 지하철 9호선 사업을 추진하면서 최소한의 시민 참여도 보장하고 있지 않은 것이다. 특히 교통 요금 문제를 보통의 공공 서비스 요금하고 같은 차원에서 동일한 위원회가 심의하도록 하는 것은 부적절하다. 민간 투자 사업으로 추진되는 대중교통 체계의 경우에는 기존 요금 결정방식하고 다른 접근법이 필요하다.

또한 실제로 대중교통 정책에서 보이는 지나친 전문가주의를 탈피해야 한다. 전문적인 검토 내용이야 어느 정도 전문가의 의견이나 관점이 중요할 수 있지만, 실질적인 이용자와 부담자는 일반 시민이라는 사실을 고려해야 한다는 말이다. 또한 일반 시민이 참여하면 정제되지 않은 요구가 반영돼 체계적인 정책을 수립하기 어렵다는 염려 역시 부적절하다. 오히려 지금처럼 폐쇄적인 의견 수렴 과정 속에서 비공식적인 전달 방식을 통해 사적인 이해관계가 관철되기 쉽다.


**민간 투자 사업 9호선 중간 평가가 필요하다!**


이제 지하철 9호선 개통은 기정사실이 됐고, 최초의 민간 사업자 운영 지하철이 가시화됐다. 앞서 살펴본 대로 지하철 9호선 사업은 추진 과정에서 타당성 검토가 제대로 진행되지 않았으며, 무엇보다 시민들의 편익을 전혀 고려하지 않았다.

현재 협약서에 따르면 민간 투자 사업으로서 지하철 9호선은 되돌

릴 수 없는 사업이 된 형국이다. 그러나 앞으로 이런저런 궤도 교통수
단 도입에 관련한 민간 투자 사업이 예정되어 있다는 점에서 보면 오
히려 지금이 지하철 9호선의 민간 투자 사업 추진 과정이 과연 적절했
는지 따져볼 수 있는 적기일 수 있다. 더구나 서울시는 최소 7개 경전
철 노선의 민간 투자 사업을 추진할 예정이다. 그 과정에서 지하철 9
호선 사례는 하나의 준거점이 될 가능성이 크다. 최근 민간 사업자들
이 내세우는 요구는 지난 2007년 개정된 민간 투자법의 취지가 전면
훼손될 때까지 그리 많은 시간이 남지 않았다는 사실을 보여준다.

다음 표는 서울시가 최근 발간한 정책 보고서[10]의 내용을 정리한
것이다. 흥미롭게도 5번째 요구에서 대기업 쪽이 '위험은 민간이 전적
으로 감수'한다는 이유를 대고 있지만, 타당성이 전혀 없는 이야기다.
실제로 공공 역사를 통한 상권 개발은 그야말로 교통 정책에 따른 부
수 효과이지 민간 사업자가 역사의 상권 개발을 위해 별도의 투자 위
험을 지지 않기 때문이다(이를테면 역주변 상가를 이용하기 위해 해
당 역을 이용하는 경우는 전무하다).

서울시는 지하철 9호선 운영에 관련된 시민들의 추가 부담 문제
를 명확히 밝힐 필요가 있다. 또한 민간 사업자의 책임과 관리 감독권
을 가지고 있는 서울시의 구실을 분명히 제시해야 한다. 또한 이용자
인 서울 시민의 관점에서 해당 사업의 추진 과정을 다시 한 번 면밀히
검토해야 한다.

서울시나 운영사인 지하철 9호선운영주식회사는 아직 지하철을
본격 운영하지 않은 시점에서 이런저런 평가가 무의미하다고 주장할

---

**10** 서울시정개발연구원, 〈도시철도 민자 사업 추진체계 정립 및 활성화 방안〉, 2009년 5월.

도시철도 민간 투자 사업 제안 실적이 있는 9개 대기업을 대상으로 심층 면접을 통해 전문가 조사 시행

1. 현행 40% 정부재정 지원의 상한을 무마하기 위한 개발분담금 지원(보통 추가 10%)을 요구
2. 적격성 분석시 민간 사업자의 분석 방법을 수용하도록 요구(정부 실행 대안이 우수하더라도 현재의 정부 재정 상황에 따라 민간 사업 대안을 시행하도록 하는 방안 등 수렴 요구)
3. 시장 요금 제도(수도권 단일 요금제에 대해서는 단독 요금제 선호)
4. 각종 할인 및 무임승차 부분은 정부 차원에서 전면 보상 요구
5. 현행 '부대사업의 규모가 본 사업의 규모를 초과하지 못하도록 한' 민간 투자법 상의 규정 개정 요구

지 모르지만, 지금 제기되고 있는 문제만으로도 지하철 9호선 건설이 과연 적절했는지를 의심할 정도로 사태가 심각하다는 것이 우리의 판단이다. 따라서 물리적인 개통 시기만을 고집하는 게 능사는 아니다. 지하철 9호선을 운영하면 할수록, 승객이 늘면 늘수록 서울 시민의 부담이 늘어난다면, 이것이 더욱 심각한 문제가 아니겠는가?

# 2장 행정의 기업화, 시민의 고객화, 공공 서비스의 민영화

지하철 9호선은 민간 사업자가 일방적으로 요금을 발표하면서 우발적으로 논란의 한가운데 들어섰다. 그러나 지하철 9호선 논란은 사실 2009년 개통 때부터 시작됐으며, 따라서 필연적인 논란이라 할 수 있다. 2009년에도 지하철 9호선 측과 서울시는 요금 문제로 갈등을 빚었고, 개통 시기 연장으로 이어지는 등 혼란이 계속된 적이 있다. 이런 과정에서 서울시가 민자 사업 전반을 재검토하겠다고 나선 것은 제2, 제3의 지하철 9호선 사태를 예방하는 데 크게 도움이 되리라는 기대를 불러일으켰다. 그러나 재검토 자체가 적정한 수준의 민간 투자 사업 조정으로 이어지는 조치로 이해된다면 문제가 있다. 여전히 지하철 9호선 같은 민자 사업의 경우 적정성의 기준에 다라 걸러지는 게 아니라 원칙적으로 배제돼야 하기 때문이다.

### 강남순환고속도로가 모범?

지하철 9호선의 특혜성 협약 내용에 관련해서 우면산터널은 유사한 사례로, 강남순환고속도로의 협약 갱신은 대별되는 사례로 인용되고 있다. 물론 자금 재조달(리파이낸싱) 방식으로 최소수익보장률을 낮춘 사례는 대구-대동 고속도로, 천안-논산 고속도로, 강남순환고속도로만 있을 정도로 많지 않다. 따라서 해당 사례에 주목하는 데 합당한 이유가 있다고 볼 수 있다. 그러나 동일한 민자 사업 안에서 상대평가를 바탕으로 우열을 가리는 시도는 민자 사업이 지닌 근본적인 한계에 주목하기 힘들게 만든다. 변경된 협약의 독소 조항은 주목받지 못하고 있다는 말이다.

강남순환고속도로는 총사업비 2조 2000억 원 중 재정 투자가 1조 4000억 원에 이르는 사실상의 재정 투자 사업이며, 협약서에는 2014년 5월 공사 완공을 특정하고 있다. 협약서는 흥미로운 특징이 있다. 첫째, 2013년까지 공사 진행 여부에 상관없이 건설분담금을 의무로 지급하게 했고, 민자 구간을 완공할 때까지 시 재정 사업 구간을 준공하지 못할 때 지체상금을 부과하게 했다(추정 통행료의 10퍼센트로, 2006년 변경협약서에 따르면 경상가격 기준으로 2012년 84억 원, 2014년 93억 원, 2017년 108억 원 등이다). 2011년 9월 현재 공정률은 민자 구간이 38.3퍼센트이고 재정 구간이 24.9퍼센트에 불과해 재정 구간은 공사 미완료를 이유로 통행료를 보전해야 할 가능성이 매우 높다.

강남순환고속도로 역시 지하철 9호선하고는 다른 맥락에서 민간사업자의 이익을 배타적으로 보전하는 내용이 협약서에 포함돼 있는 것을 확인할 수 있다. 민자 사업에서 상대적 건전함은 본질적으로 민자 사업 자체의 특징을 넘어서지 못한다는 사실을 보여준다. '합리적인 민자 사업'이라는 말은 사실상 형용모순일 수 있다.

〈서울특별시 10개년 도시철도 기본계획〉(2008)에는 7개 경전철 노선이 제시돼 있는데, 모두 사업성이 있다고 주장한다.

현재의 통합 요금 체계를 적용할 경우 7개 노선별로 연간 약 180억 원에서 285억 원의 부담이 발생할 것으로 추산되고 있다.[1] 만약 한꺼번에 개통된다면 요금 보전액으로만 연간 1400억 원에서 1900억 원까지 지속적인 비용이 발생한다. 시정연 보고서는 부대 사업과 부속 사업 시행, 요금제 변동, 건설비 절감, 재정 건설 뒤 운영권 매각 등 4가지 대안을 제시하고 있다. 요금제 변동의 핵심 내용은 기본요금 인상, 비례거리 요금제 요율 조정, 무임승차 기준 연령 상향 조정 등이다. 이 중에서 운영권 매각 방식이 검토될 가능성이 높은데, 해당 보고서에서 가장 우월한 대안으로 상정해 계산했기 때문이다.

문제는 2012년 현재 7개 노선 중 우이-방학 노선이 2개 노선으로 분리돼 추진되고, 새로 3개 노선이 추가된 11개 노선이 추진 중이라는 점이다.

앞선 8개 노선이 추진될 경우 2014년부터 매년 4000억 원 이상의 재원이 소요될 전망이고, 현재 신림선의 경우 1,200원 수준으로 요금 협상이 진행되고 있다는 점을 고려할 때 통합요금제를 적용하면 차액 보전이 불가피할 것이다.

---

1  시정개발연구원, 〈경전철사업 효율적 추진방안 연구〉, 2010년.

| 노선명 | | 우이<br>–방학선 | 동북선<br>(은행사거리<br>–왕십리) | 면목선<br>(청량리–<br>면목–<br>신내) | 서부선<br>(새절–<br>장승배기) | 목동선<br>(신월–<br>신정–<br>당산) | 신림선<br>(여의도–<br>서울대) | DMC<br>모노레일 |
|---|---|---|---|---|---|---|---|---|
| 노선길이 | | 3.53 | 12.34 | 9.05 | 12.05 | 10.87 | 7.82 | 6.5 |
| 총사업비(억 원) | | 3,029 | 11,447 | 8,599 | 10,774 | 9,034 | 7,422 | 1,976 |
| 경제적<br>타당성 | B/C | 1.04 | 1.13 | 1.05 | 1.04 | 1.09 | 1.12 | 1.27 |
| 노선의<br>합리성 | 환승<br>객수 | 6,894 | 94,507 | 49,412 | 51,535 | 41,198 | 59,197 | – |
| 대중교통<br>이용<br>증진 | 수단 전환<br>수요량 | 3,132 | 8,833 | 8,602 | 11,576 | 12,702 | 10,910 | – |
| | KM당<br>승객 수 | 6,010 | 12,514 | 11,104 | 9,244 | 7,961 | 14,538 | 4,698 |
| 지역<br>균형<br>발전 | KM당<br>영향권<br>인구수 | 43,216 | 33,756 | 43,764 | 36,632 | 36,000 | 35,791 | 9,062 |
| | 대중교통<br>취약 정도 | 0.481 | 0.626 | 0.581 | 0.595 | 0.388 | 0.471 | 0.843 |
| 도시공간<br>구조에<br>부응 | 도시계획<br>발전축<br>부합도 | 1.0 | 4.0 | 5.0 | 3.0 | 5.0 | 4.0 | 2.0 |
| 수요<br>(2016년<br>기준) | 총승차 | 20,843 | 165,189 | 100,489 | 111,386 | 95,054 | 111,910 | 31,014 |
| | 순승차 | 13,125 | 73,484 | 52,064 | 56,372 | 54,151 | 57,505 | 31,014 |

| 사업명 | 규모 | 구간 | 사업비<br>(억 원) | 사업<br>기간 | 현황(2011.11.) |
|---|---|---|---|---|---|
| 우이신설연장선 | 3.53km | 우이동<br>–방학동 | 3,023 | 미정 | 예비 타당성 조사 |
| 난곡선 | 4.3km | 보라매공원<br>–난향초교 | 3,537 | 미정 | 기본 계획 확정 요청 |
| 위례신사선 | 14.45km | 위례신도시<br>–신사역 | 12,595 | 미정 | 광역교통 개선 대책 변경 요청 |
| 위례(내부)선 | 4.75km | 마천역<br>–복정역 | 2,493 | 미정 | 광역교통 개선 대책 변경 요청 |

## 그밖의 민자 사업들

2011년 11월 현재 서울시에서 추진 중인 민자 투자 사업(협상 중이거나 공고까지 진행된)은 평창터널, 은평새길, 경전철 등 7개 사업에 3조 6477억 원의 재정 투자를 예정하고 있다. 특히 이 중 2조 원 이상을 차지하는 경전철의 경우 면목선에 6325억 원, 여의도–신림선에 6624억 원, 동부선에 8768억 원이 투입될 예정(2011년에 우이신설 노선 847억 원, 2012년에 우이신설 노선과 신림선 등 1056억 원 투자)이다. 제물포터널은 5231억 원이 투입돼 경인고속도로와 여의도동을 있는 9.7킬로미터의 4차선 지하 도로다. 서부간선지하도로 역시 영등포구 양평동과 금천구 독산동을 잇는 총 연장 11킬로미터의 왕복 4차선으로 5760억 원이 투입될 예정이다.

문제는 이런 민자 투자 사업이 대체재가 있는 상황에서는 투자가 되지 않는다는 점이다. 제물포터널의 경우 시도계를 오가며 출퇴근하는 사람에게 중요한 시설이지만 상단 도로를 유지하지 않고 상업 개발 등을 통해 민간 사업자의 투자비를 보전하는 방식으로 추진될 예정이다. 이용자는 대체재가 없는 상태에서 사실상 유료도로를 강제로 이용하게 되는 셈이다.

## 핵심은 기업의 공공 서비스 지배

지하철 9호선 논란에서 민자 사업의 본질을 보여주는 요소는 투자자-SPC-용역과 물품 계약으로 이어지는 일련의 기업 프로세스다.

| 메트로9호선(주) 2011년 손익 현황 | |
|---|---|
| 영업 손실 | 26억 원 |
| 영업외 손실 | 이자 비용 | 461억 원 |
| | 영업외 수익 | 21억 원 |
| 당기순손실 | 466억 원 |

| 우면산인프라웨이(주) 2011년 손익 현황과 주주 구성 | | | |
|---|---|---|---|
| | 영업 손실 | | 26억 원 |
| 손익 현황 | 수입 | 영업 이익 | 117억 원<br>(통행료 172억+보조금 37억-영업비용 92억) |
| | | 영업외 수익 | 6억 원 |
| | 비용 | 이자 비용 | 123억 원 |
| | | 법인세 비용 | 24억 원 |
| 주주 구성 | 맥쿼리코리아 | | 36% |
| | SH공사 | | 25% |
| | 재향군인회 | | 24% |
| | 교직원공제회 | | 15% |

| 연도별 | 2009년분 | 2010년분 | 2011년분 |
|---|---|---|---|
| 소계 | 143 | 323 | 419 |
| 최소 운임 수입 보장액 | 131 | 293 | 384 |
| 무임승차손실 지원금 | 11 | 30 | 35 |

지하철 9호선의 1대 주주인 현대로템은 전동차 제작 기업으로 지하철
9호선의 전동차를 판매하는 것은 물론 사후 관리까지 담당하고 있으
며, 2대 주주인 맥쿼리와 3대 주주인 신한은행은 막대한 금융 투자에

따른 이자 수익과 함께 역사 내 ATM 기기의 배타적인 유치권을 갖고 있다.

또한 전자통신 업체인 포스데이터는 출자자인 동시에 요금 전산 시스템을 납품하고 사후 관리하는 업무를 위탁받아 진행하고 있다. 투자자가 SPC를 매개로 배타적인 계약 관계를 유지하면서 사실상 주주로서 이윤 분배부터 기업 운영에 따른 운영 지출까지 기업 이윤으로 전환해 수탈하는 구조는 한국 민자 사업의 전형적인 사업 구조다. 이 사실을 상징적으로 보여주는 것이 SPC의 재정 구조다. 지하철 9호선의 경우 영업 손실과 영업외 이익을 상계하면 5억 원의 손실만 나지만, 여기에 461억 원의 금융 이자가 포함돼 막대한 순손실이 발생하고 있다. 우면산터널 역시 123억 원의 수익을 보지만 123억 원의 금융 비용 때문에 법인세 비용이 고스란히 순손실로 된다.

이런 이윤 구조는 SPC의 손해가 사실상 투자 기업의 이익으로 이전되는 민간 투자 사업의 특성에 따른 결과다. 정확하게 표현하면 SPC를 매개로 해 초기 투자자가 지속적 이윤을 수탈할 수 있는 구조이며, 이 투자자들은 SPC가 부실화하나 경영이 악화할 때 재투자를 한 사례가 거의 없다.

지하철 9호선도 일일 승객 수송 인원이 40만 명 안팎으로 협약서에 규정한 예상 승객 규모와 유사하지만 예상 운임 수입 규모하고는 큰 차이를 보이고 있다. 예산 운임 수입을 초기 요금 1600원으로 전제해 추산했기 때문이다. 승차 인원이 예상 승객을 넘었는데도 이윤을 보장받는 이유는 지하철 9호선에 관련된 서울시의 보조 대상이 운영 수익이 아니라 운임 수입이라서 그렇다. 지하철 9호선 측은 무임승차 등 정책적인 이유에 따른 비용이 지나치게 크다고 핑계를 대지만,

매년 서울시가 지하철 9호선에 지급한 내역을 보면 대부분의 보조금은 운임 손실 보장액이라는 사실을 확인할 수 있다.

## 행정의 기업화, 시민의 고객화

민자 사업을 추진하는 근거는 무엇일까? 복지 수요가 증가하는 등 재정 경직성이 강화되면서 SOC 사업의 투자 재원이 제한된다. 이런 문제를 민간 자금을 투자받아 해결하고 운영 과정에 민간의 효율성을 적용하면 공공과 기업이 서로 이익이라는 논리를 바탕으로 하고 있다. 그러나 현재 민간 투자 사업은 기본적으로 건설 비용을 부풀리는 관행이 보장 이윤의 확대를 보장하는 내부 요인이 되며, 무엇보다 민간의 경쟁 원리가 제대로 적용되지 않는 문제가 있다. 실제로 도로 건설 부문 민간 투자 사업 16개 중 고시 사업이나 제안 사업을 통틀어 경쟁을 통해 사업자를 선정한 비율은 50퍼센트에 머물고 있다.[2]

오히려 민자 사업의 본질은 기업을 대상으로 하는 자본 지출의 다양화로 볼 수 있는데, 재정 사업보다 지속적으로 기업을 향한 자본 이전이 높은 데서 이 사실을 확인할 수 있다. 지하철 9호선 환수에 관련해 협약서의 협약 해지 조항에 따른 양쪽의 부담금을 계산한 결과 사업자 귀책의 경우에는 3000억 원이 나오고 서울시 귀책의 경우에는 8000억 원 정도가 나왔는데, 운영 3년 차인 2012년의 경우에는 6000억 원의 부담금이 소요될 것 같다. 그런데 사업자 쪽이 요구하는 500

---

2  국회예산정책처, 〈수익형 민자 사업의 재정 부담과 개선방안〉, 2008년 12월.

원 인상분과 경영 비용을 추산하면 연간 1000억 원의 추가 비용이 발생하고, 6년이면 지하철 9호선 인수에 따른 부담금을 상쇄할 수 있다. 여기서 그동안 운영 수익으로 드러나지 않던 임대 수입과 연간 300억 원에서 400억 원에 이르는 보조금을 염두하면, 사실상 재정 사업으로 진행할 경우에 견줘 오히려 재정 소요가 많다고 볼 수 있다.

더 나아가 대중교통이 교통 수요의 관리 측면에서 매우 중요한 정책 수단이라는 점을 고려하면, 지하철 9호선 인수에 따른 간접적인 정책 효과를 간과할 수 없다. 현재 조건에서 지하철 9호선 환수를 전제로 경전철 민자 사업 등을 고려해 근본적인 대중교통 체제 개편이 필요하다.

현재 교통카드를 독점 발행하는 한국스마트카드사의 경우 2012년 협약이 종료된다. 진보신당(현 노동당)은 그동안 한국스마트카드사의 공사화를 주장했는데, 단순히 이 서비스가 공공재의 성격을 갖고 있어서 그런 게 아니라 대중교통 시스템상 결제 시스템이 지니는 중요성 때문이다. 교통카드공사가 버스와 지하철 등 대중교통 체계를 중심에서 매개하는 축이 되고, 민자 경전철 사업자의 부당 이익을 환수하는 기능을 수행한다면(카드 이용 수수료의 차등 적용 등) 전반적으로 교통수단을 공공이 통제하기가 손쉬울 수 있다.

지하철이라는 교통수단의 운영은 통합하고 교통카드를 매개로 서울 지역 대중교통 체계를 재편성하는 방안이 지하철 9호선의 단순 환수를 넘어설 수 있는 제대로 된 대중교통 체계 개편에 부합할 것이다. 아무쪼록 지하철 9호선으로 촉발된 대중교통에 관한 관심이 일회성으로 끝나지 않고 시민 중심의 대중교통 체계 개편을 둘러싼 논의로 이어지기를 기대한다.

# 3장 왜 시민의 발이 기업의 호주머니로 들어가나

서울 지하철 9호선을 둘러싼 상황은 한 편의 블랙코미디 같다. 지하철 9호선 민간 사업자가 사과를 해서 문제가 해결될 조짐이 보이는가 싶더니, 바로 다음 날 서울시를 상대로 행정 소송을 걸었다. 민간 사업자의 사과문이 공식 공고되기도 전에 쌍수를 들고 환영하면서 수용 의사를 밝힌 서울시가 참 머쓱한 상황이다. 그러나 지하철 9호선을 이용하는 시민의 처지에서는 잘 짜인 연극을 보는 듯하다. 양쪽이 보이는 태도가 모두 지하철 9호선을 둘러싼 문제의 핵심을 짚고 있지 못하기 때문이다.

### 땅 짚고 헤엄치는 민간 사업자, 이중으로 부담하는 서울 시민

지하철 9호선 민자 사업은 서울시의 막대한 재정 부담을 덜고 민간 사업자가 효율적인 교통 운영 서비스를 제공하기를 기대하면서 시작됐다. 그러나 민간 사업자는 실제로 지하철 건설에 따른 총비용 중 16퍼센트만 부담했다. 서울시는 상부 구조 공사비 전액을 부담했는데, 땅 주인이 없는 지하하고는 다르게 지상은 막대한 토지 보상비와 민원이 발생한다. 게다가 전체 구간을 몇 개로 쪼개서 특정 거대 건설 자본에 뭉텅이로 맡겼다. 이것을 일괄 입찰 방식이라고 하는데, 예상가의 95퍼센트 수준으로 계약이 됐다(보통 경쟁 입찰에서 낙찰가가 예상가의 65퍼센트 수준이라는 점을 감안하면 엄청난 짬짜미가 있었다고 볼 수도 있다).

이렇게 첫 단추를 잘못 끼운 지하철 9호선 사업은 2005년, 민간 사업자와 서울시 사이에 '실시 협약서'가 체결되면서 돌이킬 수 없는 상황으로 치닫는다. 언론을 통해 많이 알려졌지만, 협약서의 문제를 간단하게 살펴보자. 우선 협약서는 8.9퍼센트라는 수익률을 정해놓았다. 무슨 일이 있어도 민간 사업자에게 이 수익률을 보장한 것이다. 그리고 최소 운임 수익을 보장한다. 그래서 지하철 역사에 있는 편의점 등 임대 수익을 전적으로 민간 사업자가 가져간다. 대신 2005년 기준 요금을 1000원으로 잡아주고 매년 3퍼센트대의 운임 인상률을 보장한다. 여기서 끝나는 게 아니다. 요금 산정 기준일을 개통된 2009년이 아니라, 개통 전인 2003년으로 잡아 2009년부터 2011년까지 매년 300억 원 수준의 보조금이 나가게 됐다.

문제는 여기서 그치지 않는다. 민간 사업자가 현재 4량으로 운행하는 지하철을 5량 이상으로 늘릴 때 차량 구입비를 서울시가 대줘야 한다. 그러니까 민간 사업자가 장사를 하는 데 필요한 차량을 서울 시민의 돈으로 사줘야 한다는 말이다. 게다가 서울시와 민간 사업자가 협약서를 파기할 때 서로 부담해야 하는 돈이 세 배 가까이 차이가 난다. 실제로 2009년 협약서의 계산식대로 계산하면, 민간 사업자가 협약을 파기할 때는 3000억 원 수준이지만, 서울시가 파기할 때는

8000억 원 수준의 보상비를 지급해야 하는 것으로 나타났다.

이런 상황이니, 도대체 어떻게 하면 지하철 9호선 민간 사업자가 손해를 볼 수 있을까. 현재 지하철 9호선을 운영하는 회사는 '지하철 9호선 운영'이라는 회사이고, 당초 서울시와 협약을 맺은 회사는 '지하철 9호선 주식회사'다. 지하철 9호선 주식회사는 지하철 차량을 만드는 현대로템, 투자 회사인 맥쿼리, 신한은행 등이 출자해 만들었다. 전동차는 투자자이기도 한 현대로템에서 사고, 돈은 투자자인 맥쿼리와 신한은행에서 고리로 빌린다. 게다가 서울시가 '지하철 9호선 운영'이라는 회사의 이윤까지 보장한다. 결국 투자자나 운영사가 적자를 보지 않는 구조가 만들어진다.

대신 지하철 9호선을 이용하는 시민들은 이중으로 요금을 내고 있는 형편이다. 한 번은 지하철을 이용하면서, 다른 한 번은 세금을 통해서 간접적으로 말이다. 지하철 9호선을 이용하지 않는 시민 처지에서는 자기가 이용하지도 않는 지하철의 요금을 민간 사업자의 이익을 보장하기 위해 부담하고 있는 이상한 구조가 만들어지는 셈이다.


**협약서는 파기하고 지하철 9호선은 공영화해야**

지하철 9호선의 문제는 단지 요금에만 국한되는 게 아니다. 공공 서비스의 투명성, 책임성, 합리성까지 훼손하고 있다. 지하철 9호선은 이미 운영 중인 지하철 운영 기관하고 다른 정보 공개 체계와 시민 참여 제도가 없고 적정한 운영 평가 체계도 없어 공공 서비스로서 갖춰야 할 최소한의 조건도 충족하지 못했다.

최소한 세 가지 해법이 필요하다. 첫째, 현재 민간 사업자를 상대로 진행 중인 추가 협의 과정이 투명하게 공개돼야 한다. 개통 예정인 지하철 9호선 2단계 사업 구간의 운영 방식과 요금 인상안 수용 방안 등 확인되지 않은 협상 내용이 세간에 퍼져 있다. 이런 상황은 지하철 9호선 문제를 해결하는 데도 도움이 되지 않을뿐더러 서울시의 개혁 의지를 손상시키게 될 것이다.

둘째, 지하철 9호선은 이미 존재하는 지하철 운영 기관에 통합해 공공 인수해야 한다. 지하철 9호선은 기존 도시철도 구간의 운영 시스템하고 큰 차이가 없다. 중복되는 관리 비용을 지출하면서 독립적인 지하철 운영 기관이 필요한지 의문이다. 특히 앞으로 경전철 등 추가적인 교통수단이 마련될 때마다 별도의 운영 기관을 둔다면 효율적인 대중교통 정책을 수립하는 데 막대한 혼란을 초래할 것이다.

또한 지하철 9호선은 불합리한 계약과 협약에 따라 민간 사업자에 지나친 특혜를 주고 있다. 대중교통 이용자에게 요금 할인 등의 인센티브를 부여해 발생한 적자라면 합리성이 있지만, 이용자에게는 어떤 편익도 발생하지 않는 지출을 민간 사업자의 이익을 위해 지원하는 방안은 공공 정책의 방향에도 부합하지 않는다.

셋째, 지하철 9호선을 비롯해 민자 사업의 협약 과정을 면밀히 감사해야 한다. 또한 서울시가 시행하고 있는 민자 사업 전반을 철저히 재검토해야 한다. 재검토 자체보다 '시민에게 부담되는 사업은 시민의 동의를 바탕으로 입안된다'는 시민 주도형 공공 행정의 원칙이 수립되는 게 중요하다. 이미 실시된 민자 사업이라 하더라도 전체 서울 시민의 편익에 맞지 않으면 전면 재검토해야 한다. 무엇보다 이런 과정에서 서울 시민이면 누구나 확인할 수 있게 투명성과 공개성을 보장해야 한다는 점이 중요하다.

　이런 제안을 받은 서울시는 지난 5월 11일 답변서를 통해서 "상세하게 검토해 대안을 마련하겠다"는 취지의 답을 보내왔다. 다시 말해 지금까지 실질적으로 해결된 것은 아무것도 없다는 말이다. 우리가 지하철 9호선 문제를 놓치지 않고 지켜봐야 하는 이유가 여기에 있다.

# [보론] 지하철 9호선의 민자 사업 재구조화를 재고함

서울시는 2013년 10월 23일 지하철 9호선 관련 민자 사업 재구조화 방안을 발표했다. 2012년에 일방적인 요금 인상을 발표해 촉발된 갈등을 제도적으로 해결하는 중요한 계기이자 성과라고 할 수 있다. 그런데 그 뒤 2014년 예산안이 나오면서 흥미로운 사실이 확인됐다. 지하철 9호선 재정 지원금이 2013년 대비 668억 원 증액된 것이다. 서울시가 밝힌 3조 2000억 원의 재정효과도 당장 검증될 수 없기 때문에 2014년 예산안에서 드러나는 현황을 바탕으로 재구조화의 내용에 몇 가지 의문을 제시하려 한다.

지하철 9호선은 서울시가 밝힌 대로 재구조화가 진행됐으며, 최소운영 수익보장에서 분기별로 사업 운영비에 미달하는 부족 금액을 지원하는 방식으로 전환됐다. 단순화하면 사실상 민간 사업자의 이익 보장 방식이 변화한 셈이다. 과거 방식은 협약서에 약정된 예상 수익을 근거로 지원금을 받는 식이었고, 사업자의 실제 운영 비용에서 수입을 차감한 나머지 금액을 지원하는 구조다. 문제는 이럴 경우 막대한 예산을 절약할 수 있다고 했는데도 오히려 2014년 예산은 늘어났다는 사실이다.

| 지하철 9호선 협약 변경 방향 | | |
|---|---|---|
| 구분 | 기존 | 변경 |
| 투자자 | • 현대로템, 신한은행, 맥쿼리 등 13개사 참여 | • 복수의 자산운용사, 시민펀드 조성 |
| 요금 결정 | • 사업 시행자 신고 (물가상승률+운임상승률 반영 매년 인상) | • 서울시 승인 결정(공공요금 수준 반영) |
| 수익률 | • 세후 명목수익률 13퍼센트대 (세후 실질사업수익률 8.9%) | • 명목수익률 5퍼센트 안팎 (실질사업수익률은 2~3% 수준) |
| 재무 구조 | • 고율의 이자 부담 − 후순위 15퍼센트, 선순위 7.2퍼센트 등 | • 이자율 수준 인하 − 고율의 후순위채 제외 |
| 재정 지원 방식 | • 실시 협약상 최소운임수입보장 | • 운영 수입에서 운영 비용을 공제하고 부족한 부분 보전(비용 보전 방식) |
| 운영 비용 | • 협약서상 운영비 사전 결정 • 운영비 절감액 환수 불가 | • 실제 지출액을 기준으로 재산정 (10% 절감) • 5년 단위 운영비 조정 가능 |
| 관리 감독 | • 민간 투자자 자율성 최대한 보장 | • 이사회 참여 등 관리 감독 기능 강화 |

| 구분 | | 2012년 결산 | 2013년 예산(A) | 2014년 예산(안)(B) | 증감 (B−A) |
|---|---|---|---|---|---|
| 총계 | | 41,895,000 | 49,033,921 | 115,887,000 | 66,853,079 |
| 민간 경상보조금 | | 41,895,000 | 49,033,921 | 115,887,000 | 66,853,079 |
| 2013년도분 최소운영 수입보장과 무임승차 손실금 지원 | | 41,895,000 | 49,033,921 | 41,758,000 | △7,275,921 |
| | 당해분 최소운영 수입보장 | 38,460,000 | 41,638,187 | 36,559,309 | △5,078,878 |
| | 전년도분 예산 부족분 | – | 2,982,898 | 1,241,296 | △1,741,602 |
| | 무임승차 손실금 지원 | 3,435,000 | 4,412,836 | 3,957,395 | △455,441 |
| 운영 비용 지원 (재구조화) | | – | – | 741,129,000 | 741,129,000 |
| | 2013년도분 운영 비용 지원 (4/4분기) | – | – | 20,569,136 | 20,569,136 |
| | 2014년도분 운영 비용 지원 (1/4~3/4분기) | – | – | 53,559,864 | 53,559,864 |

구체적으로 보면 2013년에는 72억 원 정도가 줄었지만, 2014년에는 2013년 사사분기와 2014년분을 고려해 741억 원이 편성됐다. 예산서에 포함된 2013년분이 2014년 삼사분기까지 해당하는 금액인 만큼 2014년 삼사분기까지 들어간 비용만 비교해도 417억 원 대 535억 원으로 110억 원가량 증액된 것을 확인할 수 있다. 이런 문제가 발생하는 이유는 지하철 9호선 재구조화의 기본 구조 자체가 실측 기준이 아니기 때문이다.

예산서에서 제공한 예산 산정 방식은 2013년 최소운영 수입보장에 근거해 편성됐다. 최소운영 수입보장 기준액 946억 원에서 실제 운임 수입금 추정액인 581억 원을 빼서 보장액은 365억 원이 된다. 여기에 무임승차 손실금 39억 원을 더하고 2012년에 줄여 지원된 12억 원을 추가로 포함해 산정된 금액이다.

그러면 재구조화한 2014년 일사분기에서 삼사분기까지 비용 보전 방식의 지원금은 어떻게 산정될까. 예산서의 산식을 보면 사업운영비로 1159억 원을 책정했고, 예상 사업수입은 624억 원으로 책정됐다. 차액은 535억 원으로, 2013년 최소운영 수익 보장액보다 높다.

왜 이런 일이 일어날까? 사업운영비는 키우고 예상 사업수익은 줄이는 계산 방법 때문이다. 최소운영 수익보장 방식은 협약서에 규정된 예상 금액 전체가 아니라 연차별로 차등화된 비율을 보장하는데, 2013년에는 90퍼센트였다. 협약서에 따라 2014년 7월 24일부터는 80퍼센트만 보전받게 설계돼 있지만, 비용 보전 방식으로는 협약서의 100퍼센트를 기준으로 계산한다. 또한 사업 수입을 실제 요금 1100원이 아니라 근거에도 없는 운임원가를 기준으로 계산하는데, 해당 계산이 사업수입이라는 점에서 적절하지 않은 방식이다. 이런 점 때문에

---

**2014년도 재정 지원금**

최소운영 수입보장액+무임승차 손실금 지원액+2013년 예산 부족분
= 36,559,309천원+3,957,395천원+1,241,296천원=41,758,000천원

1) 최소운영 수입보장액 산정

① 협약상 최소운영수입보장 기준액 산정

– 예상 운임 수입(경상가) 산출(소비자물가지수 변동분 1.3289 적용): 105,184,464천원

– 2013.1.1~9.30 최소운영 수입보장 기준액 산정

= (2013년 예상 운임 수입(경상가))×90%=94,666,018천원

② 실제 운임 수입금 산정

– 실제 운임 수입금(추정액)=1~9월 실제 운임 수입금+10월 운임 수입금=58,106,708천원

③ 최소운영 수입보장액 산정

– 협약상 최소운영 수입보장 기준액(①)–실제 운임 수입금 추정액(②)

= 94,666,108천원–58,106,708천원=36,559,309천원

2) 무임승차 손실금 산정

무임승차 손실금 지원액=무임승차 인원수(7,538천명)×기본 요금(1,050)×50%=3,957,395천원

3) 2013년 최소운영 수입보장액 예산 부족분(2012년분): 1,241,296천원

---

비용은 과대하게 산정되고 수입은 과소하게 편성되는 역설이 일어나고 있는 것이다. 물론 서울시가 실제 수입금을 대상으로 검증을 실시한다면 다른 이야기겠지만, 적어도 과거 협약서가 운임 수익을 기준으로 하고 바뀐 방식이 운영 비용을 기준으로 하는 것만으로도 비용이 과대하게 적용되는 효과가 발생한다. 기존 협약서에는 관리운영권의 가치 상각 등이 포함되지 않은 반면 재구조화한 다음에는 이 부분도 추가로 보장됐기 때문이다.

정리를 해보면 이렇다. 이미 기존 협약서에 규정된 최소 운임 수입 보장의 비율 조정에 따라 운임 보조 규모가 2014년 7월부터 10퍼센트 가량 줄어들게 돼 있었다. 만약 재구조화가 의미를 지니려면 자연

## 운영보조금 산출기준

운영보조금은 실시 협약 제29조에 따라 분기별로 사업 시행자가 실제 수령한 수입이 당해 분기의 사업운영비에 미달하는 경우 이에 따른 수익금을 지급함
- 운영 비용 보조금=사업운영비-사업수입

① 사업운영비 산출
2014년 사업운영비: 115,969,789천원

| 구분 | 총계 | 관리운영비 | 금융 비용 | |
|---|---|---|---|---|
| | | | 관리운영권 가치 상각액 | 관리운영권 가치 수익금 |
| 계 | 115,969,789 | 68,042,020 | 21,528,794 | 36,398,975 |
| 1/4분기 | 37,164,083 | 21,198,054 | 7,176,265 | 8,789,764 |
| 2/4분기 | 40,374,615 | 24,398,054 | 7,176,265 | 8,800,297 |
| 3/4분기 | 38,431,091 | 22,445,912 | 7,176,265 | 8,808,914 |

* 실시 협약서 부록 2. 관리운영권가치, 부록 3. 관리운영비 참조
② 예상 사업수입 산출
2014 예상 사업일수: 62,409,925천원(운임 53,455,321천원, 부속 사업 8,954,604천원)
* 운임 수입은 기존 실시 협약에서 제시된 2014년 순승차수요 예측치를 기준으로 실제 운임원가 (840원)를 곱해 산출했으며, 부속사업 수입은 2013년 현재 계약된 사업이 지속된다고 가정해 3분 기까지 산출함.
③ 재정 지원금
2014년 재정 지원금=사업운영비-사업수입-53,559,864천원

감소하는 비율보다 더 큰 재정 효과가 있어야 했지만, 오히려 몇몇 사항에서는 기존 협약에서도 보장하지 않는 지표들이 보인다. 결과적으로 2014년 예산에서는 2013년보다 더 많은 보조금을 지출하게 됐다. 그 뒤는 어떻게 될까?

# 4장 누가 경전철 '거품'을 조장하는가

다시 경전철 문제가 시끄러워질 모양이다. 알다시피 현재 경전철 사업은 오세훈 전 시장 재임 때 만들어진 '서울특별시 10개년 도시철도 기본계획'에 따라 8개 노선이 확정되면서 시작됐다. 이 중 우이-신설 노선은 공사가 진행 중이고 신림선과 동북선은 민간 사업자와 협의 중이다. 노선이 변경될 예정인 DMC 노선은 사실상 백지화됐다.

전임 오세훈 시장이 민선 5기에 당선한 뒤 만든 '시정 운영 계획'만 놓고 보면 8개 노선은 1조 7000억 원이 넘는 총사업비에 재정 투자액만 9434억 원으로 추산됐지만, 후임 박원순 시장은 총 사업비를 5조 8000억 원으로 추산한 데 이어 계획에 따라 추진될 경우 2014년 이후 매년 4000억 원이 넘는 재정 투자가 수반될 것이라고 분석했다. 한마디로 돈이 얼마나 들지도 모르는 '세금 먹는 하마'가 바로 경전철 사업이다.

경전철을 건설하면 시민들의 편의는 나아질까. 현재 서울시의회 김행자 의원 등이 촉구결의안을 낸 신림경전철의 경우, 2008년 1월 공공투자관리센터의 검토 의견에 따르면 가장 사업성이 좋은 대안인 단독 요금제와 기본요금 1100원의 통합 요금의 비용 편익이 각각 1.01

과 0.96으로 사실상 1의 기준을 겨우 충족했다. 2006년에 만들어진 7422억 원이라는 총사업비가 유지된다는 조건에서 말이다. 게다가 통합 요금제로 갈 경우에는 환승 할인에 따른 재정보 조가 추가 지출될 수밖에 없다.

공사를 진행 중인 우이-신설 경전철은 지금까지 2766억 원이 사용됐는데, 이 중 민자 사업자가 낸 공사비는 375억 원이고 서울시가 낸 공사비는 1766억 원이다. 공사비의 87퍼센트를 서울시 재정으로 사용한 것이다. 이게 민자 투자 사업인가? 그나마 경제성이 있는 우이-신설 노선이 그러한데, 민간 사업자를 상대로 밀고 당기기가 한창인 다른 노선의 처지는 불보듯 뻔하다.

진보신당(현 노동당)은 2008년부터 경전철보다는 지선과 간선 체계를 강화하자는 대안을 제시했다. 특히 동북권은 수익이 떨어진다는 이유로 버스 노선이 계속 폐선돼 왔다. 차라리 버스-지하철로 이어지는 지선 체계를 활성화하는 것이 동북권 주민들의 교통 편의를 높이는 방법이라는 주장이었다.

지방선거를 앞두고 불거지는 경전철 논란은, 사실상 경전철 건설을 매개로 역세권 특수를 노리는 부동산 투기 세력과 이런 분위기를 조장해 지역 주민들의 표를 얻으려는 민주당-새누리당 서울시의원들의 알량한 이해관계가 일치한 결과다. 그리고 그 밑바닥에는 벌써부터 도시철도기본계획을 고치겠다고 해놓고도 여전히 이러지도 저러지도 못하는 서울시가 있다. 서울시의 모호한 태도가 부동산 투기 세력들이 발호할 수 있는 계기가 되고 있는 셈이다. 김해나 용인, 의정부처럼 미래의 서울시가 경전철에 저당이 잡혀서는 안 된다.

## 노선 발표보단 대중교통 개편이 우선해야

이런 상황에서 서울시가 그동안 논란이되던 경전철 노선을 확정 발표했다. 8개 노선에서 DMC 노선을 제외한 7개 노선에 위례 신도시 건설에 따른 신규 노선 등 3개 노선이 추가돼 모두 10개 노선이다. 비용은 8조 5533억 원이 들 전망이고, 이 중 4조 3000억 원 정도가 민간 사업자가 부담하고 나머지는 국비와 시비로 충당한다는 것이다.

노동당은 지금까지 대중교통 관련 논쟁에서 분명한 원칙적 태도를 견지했다. 첫째, 대중교통의 공공성을 고려할 때 관련 투자는 공공의 책임 아래 집행돼야 한다. 둘째, 지하철이면 지하철, 버스면 버스, 택시면 택시 식으로 따로 가는 대중교통 정책이 아니라 좀더 통합적인 대중교통 정책 체계를 구축해야 한다. 하나씩 따져보자.

서울시는 지하철 9호선 요금 인상 논란을 거치며 요금 인상권한을 가져오고 수익 보장 역시 적절하게 조정된 요금 수준을 바탕으로 집행하겠다고 밝혔다. 민간 사업자가 제시하는 예상 수익은 결국 예상 승객 수에 따라 결정되는 만큼 예상 승객 수를 보수적으로 잡으면 기본 요금 수준을 낮출 수 있다. 그러나 이런 민간 사업자의 요금과 서울시가 결정한 정책 요금의 차액을 지원하는 구조에는 변함이 없다. 민간 사업자의 수익을 보장해주는 액수를 낮춘다는 것이지, 불합리한 구조 자체를 바꾼다는 말은 아니다. 그렇다면 그런 수준으로 이익을 보장받지 못하는 서울메트로와 도시철도는 어떻게 운영이 가능할까?

다음은 통합적인 대중교통 체계다. 현행 버스 준공영제는 버스 노선에서 발생하는 적자를 보조금으로 보전해준다. 경전철이 신설돼 버스 이용자가 경전철로 흡수되면, 해당 노선은 적자를 보게 된다. 그러면 보조금은 높아질 수밖에 없다. 결국 노선을 폐선해야 하는데, 폐지 역시 쉽지 않다. 민간 사업자의 반발도 반발이거니와, 폐선에 따른 보상비를 별도로 지급해야 하기 때문이다.

기본적으로 대중교통은 자가용 이용자를 어떻게 대중교통 이용자로 흡수할 것이냐에 초점을 맞춰야 한다. 그런데 서울시의 이번 계획에는 경전철 10개 노선을 만든 뒤에는 대중교통 수송분담률이 11퍼센트 정도 올라 75퍼센트가 될 것이라는 막연한 예측만 있을 뿐이다. 2006년 지하철과 철도의 수송분담률은 34.7퍼센트였고 2010년에는 36.2퍼센트였다. 2009년에 황금 노선이라는 지하철 9호선이 개통했는데, 전적으로 신설 노선이 영향을 미쳤다고 보더라도 상승률이 1.5 퍼센트에 불과하다. 당연히 길이가 더 짧고 수요가 낮은 경전철이 내는 효과는 낮을 것이다. 오히려 1996년에 25퍼센트 수준이던 승용차 분담률은 여전히 25퍼센트 수준에 머무르고 있다. 종합적인 대중교통 체계는 기본적으로 대중교통 수요 관리라는 측면에서 접근해야 한다는 말이다.

당장은 요금 수준과 환승 할인에 따른 보조 등이 눈에 띄지만, 더 중요한 요소는 공사비다. 현재 공사 중인 우이-신설 노선의 경우 80 퍼센트가 넘는 재정을 서울시가 지출하고 있으며, 여전히 민간 사업자는 약속한 재원을 마련하지 못하고 있다. 문제는 민간 사업자 자체가 사업을 포기할 경우다. 이미 착공된 사업을 서울시가 떠안을 수밖에 없다. 그렇지 않으려면 서울시가 민간 사업자의 재정 확보를 위해 지급보증 등 신용을 대거나 우이-신설 노선처럼 선제 투자를 할 수밖에 없는 구조다.

노동당은 서울시가 제시한 궤도 중심의 대중교통 체계 확보라는 큰 방향에는 동의한다. 그리고 교통 접근이 어려운 시민들에게 편리한 교통수단을 제공해야 한다는 주장에도 동의한다. 그러나 다양한 수단을 고려하지 않고 민자 사업이라는 한 방향만 추진하는 방식에는 동의할 수 없다. 굳이 재정 투자가 필요하다면 아예 지하철 9호선 2단계나 3단계 사업처럼 재정 사업으로 하면 되지 않을까? 서울시는 서울메트로나 도시철도공사 같은 운영 기관도 갖고 있으니 별도의 회사를 둘 필요도 없이 통합적인 운영과 관리도 가능하다. 10개 노선에 10개의 운영사를 두고 각 회사의 이윤을 보장해주는 것보다 서울메트로와 도시철도공사에 경전철 운영권을 부여해 통합 운영하는 방식이 경제적 효율성 측면에서 더욱 우월하다는 말이다.

그래서 지금처럼 지역 민원에 떠밀려, 공개적인 토론회나 공청회도 없이 경전철 계획을 발표하면 안 된다. 당장 현재 공사 중인 우이-신설 노선에 관한 제대로 된 평가조차 없지 않나? 김해나 용인이나 의정부의 경전철이 서울 경전철의 미래일 수도 있다. 그러나 우이-신설 노선은 서울 경전철의 현재다. 더구나 최근 정부에서 발표한 민간 투자법 개정 방향을 보면, BTO에 BTL을 결합할 수 있게 돼 있다. 운영 수익을 보장해주는 게 아니라, 아예 서울시가 이용료를 낼 수도 있다는 말이다.

각 지역별로 민주당 시의원들이 경전철 환영 현수막을 다느라 여념이 없다고 한다. 우스울 지경이다. 기껏해야 경전철 역사 주변 땅값만 올리고 서울 시민 전체에게 막대한 부담을 안길 경전철을 그토록 환영한다니 말이다.

발표가 급한 게 아니다. 지금 서울시가 내놓은 계획은 10개 노선의 그림만 그리고 있을 뿐 어떤 구체적인 방안도 찾을 수 없다. 당연히 지역 주민 입장은 경전철이 도입된다는 사실 말고 경전철을 도입해 좋아지는 면과 나빠지는 면을 고려할 수 있는 어떤 정보도 얻을 수 없다. 이렇게 급하게 추진해놓고 나중에 문제가 생기면 지역 주민이 원해서 한 사업이라고 발뺌할 텐가?

# 5장 궤변과 반박 — 경전철은 꼭 달려야 하나

논쟁이든 토론이든 하려면 근거 자료를 공개하고 함께 검증해야 하는데, 한쪽은 자기가 가진 자료를 꼭꼭 감춰두고 다른 쪽은 어렵게 조각들을 모으고 있다. 최근 서울시 경전철을 둘러싼 논란이 그렇다.

최근 《프레시안》을 통해 홍헌호 시민사회경제연구소 소장이 지속적으로 서울시 경전철 계획에 문제를 제기했다. 그러자 윤준병 서울시 도시교통본부장이 나서서 인터뷰를 했는데, 마치 자료를 공개하지 않고 있다가 시민사회가 비판을 제기하면 감춰놓은 것들을 공개하면서 '몰라서 그런 것'이라고 핀잔하는 양상이다. 서울시 간부라 당연히 정보와 자료가 많을 수밖에 없는데, 마치 시민사회의 문제 제기에 '채점'하듯 접근하는 모양새가 어쭙잖다.

### 가래 말고 호미로 막자

그런데 이 인터뷰에서 드러나는 몇몇 주장은 단순한 반박 이상의 의미를 지닌다. 그동안 서울시의 교통 정책을 볼 때 불가능하거나 검증되지 않은 주장을 기정사실인 것처럼 말하고 있기 때문이다. 크게 두 가지가 그렇다.

첫째, 민간의 수익을 보장해주는 방식에 관련된 문제다. 윤 본부장은 2013년 7월 25일 《한겨레》 인터뷰에서 "실제 이용객을 기준으로 재정을 지원하는 방식"으로 바꾸기로 했다고 말했고, 또 다른 고위 공직자는 "오히려 승객이 너무 많으면 시가 더 손해를 볼 수 있는, 전국에서 처음 시도하는 실험"이라고 말했다. 실제로 서울시가 공개한 〈기본계획에 대한 종합발전방안〉을 보면 민자 사업 방식에 관련된 구체적인 방법론이 제시돼 있지 않다.

그런데 《프레시안》에서 윤 본부장은 엉뚱한 소리를 한다. 민간 사업자가 예측한 수요보다 많은 승객이 생기면 해당 인원에 관련해서는 차액 보조를 하지 않는다고 말이다. 그런데 이게 그렇게 큰 의미가 없다. 예를 들어보자. 민간 사업자가 1000명의 승객 수요를 예측하고 요금 차액이 200원이라고 할 때, 승객이 500명이면 1만 원의 보조금이 지급된다. 만약 1000명이면 2만 원의 보조금이 지급된다. 1500명이면 500명 분의 승객 수입은 민간 사업자가 갖고 2만 원의 보조금이 지급된다. 여기서 중요한 문제는 초과분 승객 수입의 처분에 관련된 것이지(왜냐하면 이 부분이 민간 사업자의 계산되지 않은 추가 이익이 되므로) 차액 보조 여부가 핵심은 아니다. 아니, 민간 사업자가 예상 수요를 낮추더라도 수요가 초과하면 1000원의 기본 요금 수입을 가져갈 수 있는데 이게 무슨 패널티가 되는가? 오히려 차액 보조보다는 승객 수요를 과소 추정해서 초과하는 승객이 내는 운영 수익을 갖는 게 더 유리하다. 이런 방식이 민간 사업자에게 불리한가? 예상 수요를 넘는 부분은 보조 대상에서 제외하는 게 타당하지 않나?

문제의 핵심은 민간 사업자에게 이윤을 보장해주는 제도 자체다. 5퍼센트든 6퍼센트든, 최소운영 수익보장이든 차액보조방식이든, 왜 민간 사업자에게 보장된 이익을 제공하느냐는 것이다. 이 문제는 전혀 해명하지 못한다.

둘째, 버스에 관련된 문제다. 솔직히 윤 본부장이 버스에 관해 한 발언은 사기에 가깝다고 본다. 윤 본부장은 현재 7500대 정도 되는 버스를 6000대로 줄이면 연간 2300억 원 정도 드는 보조금을 500~1000억 원으로 줄일 수 있다고 말하는데, 산술적으로도 가능하지 않기 때문이다. 서울시 버스 준공영제는 '대당 지원 방식'이 기본이다. 보조금 규모는 인가 버스 대수에 연동된다. 그런데 전체 13퍼센트의 버스를 감축해서 50퍼센트 이상의 보조금을 줄인다는 게 어떻게 가능할까?

또한 경전철하고 겹치는 노선을 감축한다는 생각도 적절하지 않다. 애초부터 교통 복지 때문에 경전철을 놓는다고 해놓고, 그나마 있던 버스 노선을 없애는 게 무슨 교통 복지인가. 실제로 지하철 9호선이 개통한 뒤 강서에서 여의도로 운영하던 버스의 승객이 45퍼센트 정도 줄었다. 문제는 여전히 버스를 이용하는 55퍼센트의 주민이다. 버스든 경전철이든 대중교통 정책은 교통수단 간의 네트워크가 중요하지, 한 교통수단으로 승객 몰이를 한다는 발상은 가능하지 않다.

흥미롭게도 지하철 9호선 사례를 보면 결국 겹치는 버스 노선 6개를 줄였는데도 버스 대량 감차는 없었다. 노선을 없앤다고 해서 거기에 비례해 버스 수가 줄어드는 게 아니다. 2004년에 버스 준공영제를 도입할 때 서울시가 버스 회사들을 상대로 맺은 협약서에는 버스 1대를 폐차할 경우 3000만 원의 지원금을 주기로 돼 있다. 마을버스로 전환하면 막대한 인센티브를 제공했다. 그래서 2005년부터 지금까지 줄어든 버스 대수는 고작 794대다. 버스 보조금은 줄었을까? 그렇지 않다. 연간 2000억 원 규모의 보조금이 계속 지원되고 있다. 한마디로 경전철이 놓이면 버스가 줄어들 것이고 버스가 줄어들면 보조금이 줄 것이라는 주장은 어디 하나 맞는 구석이 없다.

서울시는 이번 경전철 논란을 거치며 호미로 막을 일을 가래로 막는 잘못을 저지르지 않았으면 좋겠다. 해외의 도시철도 연장을 가지고 논쟁을 하려면, 꾸리찌바처럼 아예 BRT로 하지 왜 안 하느냐는 주장에는 뭐라고 대답할 것인가? 인구가 서울시하고 유사한 대도시권을 늘어놓고 보면 서울시의 도시철도 연장이 결코 짧지 않다. 불필요한 논란이라는 말이다.

오히려 '왜 경전철이냐'와 '왜 민자 사업이냐'에 집중해야 한다. 윤본부장은 여유 자금이 있다면 다른 분야에 쓸 수 있는 것 아니냐는 질문에 "그것은 아예 다른 이야기"라고 답하며 언급을 피했다. 교통본부장이라서 교통만 이야기하자는 것인가? 그러나 서울 시민은 버스나 지하철도 타지만, 학교도 다니고, 아이도 키우고, 병원도 다닌다. 여유 자금이 있다면 부족한 시민 복지를 위해 쓸지 다른 사회 서비스를 확충하는 데 쓸지를 논의해야지, '알박기' 예산처럼 지하철 예산은 지하철 예산으로 써야 한다고 주장하는 태도는 시민보다는 공무원을 위한 행정처럼 보인다.

솔직히 토건 관료들에게만 맡겨놓고 뒤로 빠져 있는 서울시장에게도 불만이 있다. 정말 논쟁을 원한다면 서울시가 확인한 타당성의 근거들을 다 공개하라. 그리고 같은 수준에서 논쟁하자. 서울시는 1년 6개월을 연구했다는 계획을 놓고 시민사회에는 일주일 시간을 줄

테니 '끝장 토론'을 하자니 정말 뭐하자는 건가?


### 4대강 닮아가는 경전철 계획, 민자 사업 잘되면 요금 낮아져?


한마디로 기막히다. 신림선 관련 심의를 서울시의회와 서울시장이 교체될 수도 있는 상반기에 마치겠다고 한다. 그래서 서울시가 나서서 민간 사업자의 융자 사업을 알선하기로 했다. 이게 무슨 소리인가? 서울시는 2014년 3월 10일 '서울시, 신림선 동북선 안정적 자금조달 위한 협력체계 구축'이라는 제목을 단 보도 자료를 내놓았다. 민간 투자 사업의 내용을 보면 이런 주장이 얼마나 어리석은 것인지 단박에 알 수 있지만, 하나씩 살펴보자.

서울시도 밝혔듯이 민간 투자 사업의 자금 조달은 기본적으로 민간 사업 시행자가 전적인 책임을 진다. 그래서 민간 투자 사업인 것이다. 그런데 서울시는 이런 민간 투자 사업을 안정적으로 추진하기 위해 공적 자금 대출 기관인 신용보증기금과 민간 투자 사업을 위한 공동 협력 협약을 맺었다. 민간 투자 사업자가 자금을 융통하기 어려워 사업을 추진하기 어려우면 사업의 재추진 여부를 판단할 일이지, 서울시가 나서서 돈을 마련할 방법을 찾고 있는 셈이다. 우습다.

신림선과 동북선은 이미 2010년에 우선 협상 대상자로 민간 사업자가 선정된 곳이다. 그런데 5년이 넘어서는 지금도 협상을 진행하고 있다. 요금 수준과 재정 지원의 기준을 둘러싼 의견 차이 때문이라고 한다. 물론 초기 공사비 분담 비율 등도 쟁점 사항이다. 하나같이 서울시 재정에 직접 영향을 미치고 있는 문제들이다. 이런 상황에서 누가 봐도 마음이 급한 쪽은 서울시다. 선거 시기 아닌가. 그러다 보니 두 노선 다 상반기에 시의회 심의 등을 마무리한다는 계획을 내놓고 있다. 그러면 안 된다. 막대한 재정이 투입될 사업을 7월이면 교체될 수도 있는 서울시와 서울시의회가 승인해서는 안 된다는 말이다.

마지막으로 2013년에 수정하기로 한 도시철도기본계획은 어디로 갔나. 이미 서울 지역 시민사회를 중심으로 해당 기본 계획이 지닌 문제점이 여러 차례 지적됐다. 무엇보다 민간 사업자가 선정되지도 않는 사업을 도시철도기본계획에 넣어 짜놓은 도시철도기본계획이 과연 적절한 것이냐 하는 쟁점도 남아 있다. 이럴 경우 앞으로 재정 사업으로 전환하려 해도 기본 계획을 수정해야 한다. 이렇게 어이없이 '못 먹어도 고' 방식으로 민자 사업을 밀어붙이면서 강짜를 부리고 있는 것이 서울시의 현행 도시철도기본계획이며, 경전철 확대 계획이다.

살리겠다면서 도리어 죽여버린 이명박 정부의 4대강 사업은 정부가 정책 추진을 전제로 밀어붙이면 어떤 재앙이 닥치는지를 분명히 보여준 사례다. 민간 투자 사업자를 잘 도와주면 "시 재정 부담 완화와 통행 요금 인하 효과"라는 검증되지 않는 말을 내뱉는 서울시의 모습도 다르지 않다. 이제까지 민간 투자 사업을 한 곳 중에서 요금이 낮아진 곳이 있었던가? 중앙정부든 서울시든 '정해놓고' 물러서지 않는 태도는 행정가의 장점이 아니라는 사실을 이제 알아야 한다.

# 6장 궤도 이탈 — 서울시 도시철도기본계획의 기술적 오류

서울시가 이번에 만든 〈서울시 도시철도기본계획〉은 2008년에 만든 10년 단위 기본 계획에 관련된 5년차 수정 계획이다. 서울시는 2008년에 만든 기본 계획의 틀을 바꿀 수 없다고 하지만, 이미 2008년 계획에 포함된 DMC 노선 등이 타당성이 없어 배제한 사례가 있는 만큼 '노선의 증감' 문제를 다룰 수 있다.

또한 투자 방식이 다른 지하철 9호선 4단계 연장에 관련된 재정 계획도 포함된 데서 알 수 있듯이 반드시 민간 투자 사업을 전제로 계획을 작성하는 것도 아니다. 결론적으로 현재 수립된 서울시의 도시철도기본계획은 충분히 수정할 수 있고, 재정 대안 등을 폭넓게 고려할 수 있는 여지도 있지만, 서울시의 정책 의지가 부재한 탓에 추가 논의가 불가능한 상황이다.

이런 상황에서 트렘 등 새로운 수단을 고려하는 문제나 무인 운전/무인 승강장의 안전 문제에 관한 의견 정도를 부기할 수 있을 텐데, 기본 계획 논의에서 그다지 구속력을 지닌 사안이 아니어서 의미 있다고 할 수 없다. 특히 무인 운전/무인 승강장 문제는 실제로 노선별 사업이 진행될 때도 충분히 고려될 수 있는 사안으로, 기본 계획을 국토부에 제출하기 전인 현 상황에서는 이미 제출된 기본 계획의 노선 배제 가능성과 재정 대안의 도입 가능성이라는 실제적인 협의 범위가 보장되지 않으면 그다지 의미가 없다고 볼 수도 있다.

**기술적 오류 1 — 잘못된 지침에 지침**

민간 투자 사업의 재구조화나 각 노선별 노선 구성의 문제 등 구체적으로 따지면 거론돼야 되는 사안이 많겠지만, 기본 계획 자체가 지닌 '가정들의 오류'에 주목해 2가지 오류를 지적하려 한다.

첫째, '도시철도기본계획수립지침'을 참고하지 않은 점이다. 도시철도법 제3조의 2에는 도시철도기본계획을 수립하고 계획 수립에 필요한 타당성 조사의 기준을 마련하기 위해 '도시철도기본계획수립지침'을 제정해 운용하고 있다. 이 지침은 7개 항목에 이르는 구체적인 작성 방법과 작성 기준을 나열하고 있다. 그러나 서울시의 기본계획이 근거하고 있는 지침은 '교통시설투자평가지침'으로, '국가통합교통체계효율화법'에 근거하고 있는 이 지침은 교통 시설 개발 사업의 투자 효율성을 높이려는 목적으로 작성됐다. 특히 여기서 '투자'는 '사회기반시설에 대한 민간 투자법'에 의거한 투자를 지칭하는 데(위법 제18조(타당성평가)), 도시철도기본계획의 수립하고는 전혀 다른 목적을 지니고 있다.

그런데도 서울시는 기본계획수립지침 대신 교통시설투자평가지침을 활용하면서 사실상 기본계획을 '민간 투자 사업 기본계획'으로 만들어버렸다. 애초 도시철도기본계획의 작성 취지를 왜곡하는 행위이라고 볼 수 있다.

서울시는 도시기본계획수립지침이 2013년 4월에 개정되면서 과거의 지침을 활용할 수밖에 없어 참조한 것이 투자평가지침이라고 말하지만, 이런 주장에도 무리가 있다. 우선 투자평가지침도 2011년에 작성된 지침이기 때문에 시의성이 많이 떨어지는 것은 물론이고, 도시철도기본계획수립지침은 2009년 9월 23일에 제정돼 기본 계획 수립을 위한 용역을 시행할 2012년에는 이미 지침이 있는 상태였다. 2008년에 계획을 수립할 때는 기본계획수립지침이 없었기 때문에 다른 평가 지침을 활용했더라도 2012년에 기본 계획을 수정할 때는 이미 새로운 기준이 마련된 만큼 이 기준을 준용해 작성하고, 2013년 4월에 지침 개정안이 나오면 개정된 항목만 수정해서 정확하게 기본 계획을 수립하는 게 마땅하다.

두 지침의 차이를 보면, 사실상 서울시에서는 기본계획수립지침을 인지하고 있으면서도 선택적으로 교통시설투자평가지침을 활용했다는 의구심을 가질 수밖에 없다. 우선 사업 추진의 효용성을 따지는 '경제적 타당성 평가'에 따른 기준을 보자. 기본계획 지침에는 평가 기간을 25년으로 하고 할인율은 6.5퍼센트로 하게 정해져 있지만, 서울시는 평가 기간을 40년으로 잡고 할인율 역시 5.5퍼센트로 하다가 30년 차부터 4.5퍼센트로 낮추는 식으로 적용하고 있다.

또한 경제적 편익에서 가장 큰 비중을 차지하는 통행시간가치 평가에서 기준이 되는 이용자의 평균 임금에 관해 기본계획수립지침은 승용차 이용자나 버스 이용자를 구분하지 않고 전산업 월평균 임금으로 140만 원을 책정하지만, 서울시 기본계획은 승용차 이용자(261만 원), 버스 이용자(216만 원), 화물차 운전자(216만 원)로 구분해 지침보다 최소 54퍼센트에서 최대 86퍼센트가 많은 임금을 기준으로 하고 있다. 이럴 경우 시간당 편익이 그만큼 늘어나게 돼 경제적 편익에 많은 영향을 미친다. 따라서 현재 서울시 도시철도기본계획은 애초 도시철도기본계획 수립지침을 따를 때보다 경제적 타당성이 매우 높게 나오고 있다는 점을 확인할 수 있는데, 기본계획수립지침이 아니라 아예 민간 투자 사업을 전제로 한 교통시설투자지침에 의거해 작성했기 때문이다.

산술적으로 봐도 할인율이 1~2퍼센트 차이 나고 통행 시간 편익이 절반이나 3분의 2정도가 줄어든다고 보면 현재 예정된 노선 중 경제적 타당성이 있다고 나올 경우는 거의 없을 것이다. 현재 경제적 타당성 검증 절차는 기본적으로 민간 투자 사업을 촉진하는 경향을 띠고 있으며, 타당성 검증 역시 차별적인 지표에 따라 산정되고 있다. 서울시의 경전철 계획은 민자 사업 확대라는 중앙정부의 정책 흐름에 완벽하게 일치하는 셈이다.


### 기술적 오류 2 — 무임 승차 인구 비율과 노인을 위한 나라

둘째, 인구 변화에 따라 무임승차 비율이 증가하는 현실을 고려하지 않은 수요량 측정의 문제다. 통계청이 2012년 6월에 발표한 〈장래 인구추계〉에 따르면, 서울은 2040년까지 매년 1.3퍼센트의 인구감소를 보이는 것으로 예상됐다. 또한 무임승차 대상인 노령자 계층이 전국적으로 2010년 현재 11퍼센트에서 2040년 32.3퍼센트로 늘어날 전망인데, 2040년이 되면 적어도 현재 노령 인구의 2배 규모가 될 것으로 추산된다. 그런데 서울시 기본계획은 노령 인구의 무임승차 비율로 2011년에 정한 수치인 13퍼센트를 그대로 적용하고 있다. 기본계획 수정을 담당한 서울연구원은 장래 인구 변동까지 가늠해서 추정했다고 하지만 기본계획 보고서의 '재무적 타당성' 검토 항목에서는 관련 내용을 찾아볼 수 없다.

무임승차에 따른 재정 지원은 교통 복지 차원에서 감수해야 한다 하더라도, 문제는 무임승차 인구 비율이 늘어난다는 것은 잠재적인 대중교통 이용자의 비중이 낮아진다는 의미여서 결국 장래 수요 예측이 과다했다는 사실을 알려준다는 점이다. 서울시의 기본계획은 초기 년도에 견줘 2040년 최종연도에도 운송 수입이 크게 변화가 없거나 조금 늘어난다고 잡았다. 더 중요한 문제가 있다. 서울연구원은 1인 통행량이 급격하게 늘어나 감소분을 상쇄한다고 주장했지만 말도 안 되는 주장이다. 1명이 하루에 오갈 수 있는 횟수는 물리적으로 제약이 있기 때문에 단순히 추세 예측을 통해 비례적으로 계속 통행량이 늘어난다고 주장하는 것은 타당하지 않다.

결과적으로 서울시 기본계획은 변화하는 인구 구성을 제대로 포착하지 못하고 있다. 만약 무임승차 비율이 30퍼센트까지 높아진다면, 과연 이 정도를 무임승차로 처리해 민간 사업자에게 보전해줘야 하는지를 정책적으로 판단해야 한다(실제로 첨두 시간을 제외하고 그밖의 여유 있는 낮 시간 이동이 많은 노령층의 경로를 고려할 때 이것을 원가 산정의 대상으로 삼는 게 타당하느냐는 의문이 있기도 하다. 다시 말해 노인이 타지 않아도 운행해야 하는 궤도 수단의 특징을 생각해야 한다는 말이다).

좀더 구체적으로 보면 기점과 종점부의 적절성이나 지하철 9호선 개통 뒤 버스에서 지하철로 이동하는 사례 등을 통해 서울시가 예상하고 있는 교통수단별 수송분담률의 변화를 추정하는 문제 등 다양한 쟁점이 있다. 그러나 이런 논의는 시민사회와 서울시가 합의할 수 있는 기준이 명확한 상태에서 의미가 있을 뿐, 이미 확정된 기본계획의 세부 사항을 그대로 유지하면서 "그것은 가치 판단의 문제이니 논외로 하자"는 식의 전제가 있는 협의라면 굳이 시간과 노력을 들여 많은 자료를 분석할 이유는 없다. 사실 서울시의 경전철 확대 계획을 둘러싼 논란의 쟁점은 이런 기술적인 사안보다는 서울시의 계획이 과연 어떤 절차와 합의 과정을 거칠 것인가하는 태도의 문제다.

# [자료 1] 지하철 9호선 민자 사업에 대한 공공인수 의견서

지하철 9호선 민자 사업은 애초 서울시의 막대한 재정 부담을 덜고 민간 사업자의 효율적인 교통 운영 서비스를 기대하면서 시작됐다. 그러나 민간 영역의 효율성과 성과는 시장을 통한 경쟁이라는 조건에서 유의미하다는 점에서 볼 때, 대체제가 딱히 없는 공공 서비스에서는 기대하기 힘든 것이 현실이다. 이런 근본적인 문제가 지하철 9호선 요금 폭등이라는 현상의 이면에 있다. 특히 2005년 서울시가 민간 사업자를 상대로 체결한 협약서는 그 뒤 변화된 서울시 대중교통 체계와 2009년 이후 실제 운영에 따른 조건과 상황의 변화를 전혀 반영하지 못한 사실상 무의미한 협약서다. 알다시피 2004년 서울시 대중교통 체계 개편의 핵심은 '수도권 통합요금제'라는 단일 요금 체계인데, 이런 내용이 2005년 협약서에는 전혀 반영되지 않은 것은 물론이고 실시 협약상의 예상 승객을 웃도는데도 최소 운임보장을 해줘야 할 정도로 '기준 운임' 설정이 비현실적이기 때문이다.

진보신당(현 노동당)은 이런 지하철 9호선의 문제가 단지 요금에만 국한되지 않고, 대중교통이라는 공공 서비스의 투명성, 책임성, 합리성 측면에서도 문제를 야기하고 있다고 판단한다. 이를테면 다른 지하철공사하고는 다른 정보 공개 체계, 시민 참여 제도의 부재, 적정한 운영 평가 부재 등 공공 서비스로서 갖춰야 할 최소한의 조건도 갖추지 못했다. 또한 서울시는 2개의 도시철도 운영 공사를 가지고 있는데도 별도의 민간 운영사를 설립함해 중복적인 관리 비용을 지출하고 있으며, 특히 지하철 9호선 주식회사하고 별도로 지하철 9호선 운영이라는 옥상옥의 재하청 구조를 만들어 낭비 요인이 많다.

문제는 이런 지하철 9호선의 문제점이 민자 사업이라는 이유로 용인되는 수준을 넘어서서 경영 부실과 잘못된 비용 구조로 야기된 부담을 고스란히 시민들이 책임지고 있다는 사실이다. 출퇴근 시간 동안 예상 승객을 초과하는 시민들이 이용하면서 불편이 야기되고 있고, 전체 서울 시민이 내는 세금이 사업자의 이익 보장이라는 명목으로 지원되고 있는 형편이다. 만약 공사라면 운영 방법을 개선해 부담을 줄일 수 있지만, 주주들의 이해만을 중시하는 민간 회사는 이런 요구를 묵살하기 일쑤다.

진보신당(현 노동당)은 이런 지하철 9호선의 문제점을 해결하기 위해 3가지 방안을 제안한다.

**현재 민간 사업자와 진행 중인 추가 협의 과정이 투명하게 공개돼야 한다.**

민간 사업자의 요금 인상 발표 전부터 진행된 협상 과정이 공개돼야 한다. 현재 개통예정인 지하철 9호선 2단계 사업 구간의 운영방식과 요금 일부 인상 수용 등 확인되지 않은 협상 내용들이 세간에 퍼져 있는 상황이다. 이런 상황은 지하철 9호선 문제를 해결하는 데도 도움이 되지 않을뿐더러, 현재 서울시의 개혁의지를 손상시키게 될 것이다.

**지하철 9호선은 기존 지하철 운영 기관과 통합을 전제로 공공 인수해야 한다.**

지하철 9호선의 운영 시스템은 기존 도시철도 구간의 시스템하고 큰 차이가 없다. 중복되는 관리 비용까지 지출하면서 독립적인 지하철 운영 기관이 3개나 필요한지 의문이다. 특히 경전철 등 추가적인 교통수단이 마련되고 그때마다 별도 운영기관을 둔다면 효율적인 대중교통 정책을 수립하는 데 막대한 혼란을 초래할 것이다. 또한 지하철 9호선은 이미 지적된 대로 불합리한 계약과 협약에 따라 민간 사업자에게 지나친 특혜를 주고 있다. 지금은 사문화된 최소 운영 수입 보장이라는 규정에 따라 막대한 시민들의 세금이 민간 사업자의 이익을 위해 지원되고 있는 현실이다. 만약 대중교통 이용자에게 요금 할인 등의 인센티브를 부여해 발생한 적자라면 정책 합리성이 있지만, 이용자 승객에게는 어떤 편익도 발생하지 않는 지출을 오로지 민간 사업자의 이익을 위해서만 지원한다는 것은 공공 정책의 방향에도 부합되지 않는다.

**지하철 9호선과 기타 민자 사업의 협약 과정을 면밀히 감사해야 한다.**

이미 서울시가 밝힌 대로 서울시가 시행하고 있는 민자 사업 전반을 면밀히 재검토 해야 한다. 문제는 이런 재검토 자체가 중요하다기보다는 '시민에게 부담되는 사업은 시민의 동의를 바탕으로 입안한다'는 시민 주도형 공공 행정의 원칙이 다시 수립되고 확인되는 과정이 선결돼야 한다. 그래서 이미 실시된 민자 사업이라 하더라도 민간 사업자의 이익이 아니라 전체 서울 시민의 편익이라는 관점에서 전면 재검토돼야 한다. 그리고 무엇보다 중요한 것은 이런 전 과정을 서울 시민이면 누구나 확인할 수 있게 재검토 과정의 투명성과 공개성이 확보돼야 한다는 점이다.

서울시가 서울 시민의 서울시로 거듭나는 데 지하철 9호선 문제의 합리적 해결이 주요한 첫 시험대가 될 것이다. 서울시의 전향적이고 적극적인 검토를 바란다.

# [자료 2] 신분당선 요금이 오르면 서울시 요금도 오르는 이유

때때로 경전철을 걱정하는 목소리가 나오면 옹호론자들은 신분당선을 모범 사례로 언급한다. 그러나 2013년 12월에 진행된 민간 사업자와 정부 사이의 분쟁조정위원회 조정 결과를 보면 무척 흥미로운 점들이 나온다.

신분당선은 국토교통부와 신분당선 주식회사가 2005년 3월 신분당선전철 민간 투자 사업 실시 협약을 체결하면서 본격 시행된다. 신분당선의 기본적인 사업 구조는 사회적으로 논란이 된 적 있는 의정부경전철이나 김해경전철 등하고 유사하다.

총사업비는 2002년 5월 불변가격 기준으로 1조 2223억 원, 공사기간은 2005년 7월 21일부터 2011년 12월 20일까지였으며, 민간 사업자의 운영 기간은 준공 뒤 30년이다. 역사는 강남, 양재, 양재시민의숲, 청계산 입구, 판교, 정자까지 6개이며, 최소 운영 수입 보장 조항에 따라 초기 5년은 80퍼센트까지, 그 뒤 5년은 70퍼센트까지 보장해주기로 하면서 협약 운임 수입에 견줘 실제 운임 수입이 50퍼센트 이상일 때만 적용하기로 했다. 최근까지 신분당선 운영 현황을 보면, 협약 대비 운송 설적이 30퍼센트도 채 되지 못하는 것으로 나타났다.

2012년 말까지 누적 적자액은 1345억 원인데, 건설 기간 동안의 적자액은 470억 원이지만 운영 기간 중 적자는 훨씬 많은 874억 원으로 나타났다. 이런 상황이다 보니 민간 사업자는 애초 정부가 수요 예측할 때 제시한 연계 노선이 개통되지 않아 적자가 커지고 있는 만큼 정부의 귀책 사유이며 협약 변경의 사유가 된다고 주장했다. 분쟁조정위원회는 이런 주장을 인정하지 않았는데, 흥미로운 것은 국토교통부의 태도다.

분쟁조정위원회의 조정서를 보자. 사업자 쪽은 앞서 말한 대로 분당선 연장 시기가 바뀌었으니 수요 예측값을 낮춰달라, 그러면 최소 운영 수익 보장 50퍼센트 정도는 맞출 수 있는 수요가 나오니 보조금 수령의 기준이 된다고 주장했다. 그러자 국토교통부는 그럴 경우 사업자의 편의를 봐준다는 비판을 받게 된다, 차라리 요금을 올려 주겠다고 밝혔다. 거기에 덧붙여 신분당선만 요금을 올리면 또 욕을 먹으니 2013년 12월까지 관계 기관하고 협의해 요금을 함께 올리겠다고 말했다.

---

신청인의 운영적자 타개를 위한 노력과 피신청인의 운임 인상 의사에 기초해, 본 분쟁조정위원회는 소위원회를 개최해 다음과 같은 합의안으로 양 당사자의 분쟁을 조정하는 노력을 했다.

① 산업기반신용보증기금 보증을 활용한 운영자금 대출을 위해 국토부와 사업 시행자 간에 쌍방이 노력한다.
② 국토부 운임인상 확정공문('13.7.)에 따른 운임인상 시기를 '13.12월 말까지 관계기관과 협의해 정한다.
③ 신분당선주식회사는 수요증대와 비용절감을 위해 노력한다.

---

구체적으로 보면 2013년 7월에 민간 사업자에게 국토교통부가 공문으로 요금 인상을 약속하고 2013년 12월까지 서울시 등 관계 기

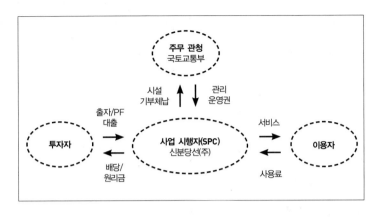

| 구분 | 실시 협약(A) | | 운영 실적(B) | | 협약 대비(B/A) | |
|---|---|---|---|---|---|---|
| | 수요 | 수입 | 수요 | 수입 | 수요 | 수입 |
| 2011년(11월~) | 191,697 | 230,449 | 78,525 | 69,850 | 41.0% | 30.3% |
| 2012년 | 245,899 | 308,637 | 93,013 | 85,080 | 37.8% | 27.6% |
| 2013년(~5월) | 273,318 | 347,935 | 111,364 | 103,707 | 40.7% | 29.8% |

관 협의를 진행한다는 내용이다. 서울시는 과연 2014년 상반기 안에 요금을 올리게 될까? 아무래도 6월 지방선거 직후가 인상 시점이 될 공산이 크다. 신분당선 민간 사업자를 위해 요금을 인상하는데 관계 기관인 서울시의 지하철까지 요금이 인상되는 상황은 쉽게 이해되지 않지만, 대중교통을 민간 투자 사업으로 추진하는 방식이 지닌 문제점을 가장 선명하게 드러낸 사례인 것은 틀림이 없다.

# 종점_____무상교통, 끝이 아닌 시작

김상곤 경기도지사 예비 후보의 무상버스 공약으로 촉발된 대중교통 논쟁이 한 바퀴를 돌았다. 2014년 2월 '무상교통, 그 논리와 방안'이라는 토론회를 열어 무상교통 공약을 발표한 노동당은 매우 숨 가쁜 시간을 보내야 했다. 6·4 지방선거의 주요 공약인 무상교통을 다시 점검하면서 대중교통 논쟁이 어떻게 흘러왔는지, 노동당의 무상교통 전략은 공약이 될 때 어떻게 바뀌어야 하는지 가늠해보려 한다.

김상곤 예비 후보 쪽은 자신들이 제시한 '요금 지원을 통한 무상 버스 도입안'에 관한 노동당의 논평에 이렇게 말했다.

노동당이 비판한 대로 운영 방식의 전환이 전제되지 않는 요금 보조 제도는 궁극적으로 사업자 지원 정책에 불과하며 결과적으로 이용자의 편익을 증대하기보다는 토착 버스 업자들의 이익을 고착화할 것이라는 주장이 타당하기는 하다는 뜻이다. 그렇지만 현재 버스 업계의 구조가 이런 구조 개혁보다는 문제를 우회할 수밖에 없는 조건이며, 사실상 노동당이 이런 조건을 제대로 못보고 있다는 의미인 셈이다.

정확히 말하자면 김상곤 예비 후보가 말하는 방식은 우회로가 아니라 반대편의 길이어서 문제가 됐다. 최근 김상곤 예비 후보 측의 자료를 보면 '애초 무상버스 구상에서도 공영제 방안이 있었으나 언론에서 무상버스만 강조해서 오해가 생긴 것'이라는 해명이 나온다. 모양새야 어찌됐든 수렴되고 정리된 셈이다.

### 환수하면서 새로 놓는 '이중 공영화 방안'으로 수렴 중

지금까지 버스 공영제와 무상버스를 말한 김상곤 예비 후보와 원혜영 예비 후보의 공약은 어느 정도 정리된 듯하다. 두 사람 모두 버스 공영제를 기본으로 한다.

원혜영 예비 후보 쪽은 경기대중교통공사를 설립해 공영버스를 운영하고 협동조합형 사업자가 진입할 수 있게 하는 방안을 제시했다. 김상곤 예비 후보 쪽은 여전히 연령별 요금 보조 방식을 주장하면서 공공버스와 전세버스를 운영하는 경기이동자유공사를 설립해 경기도 안에서 순환버스 노선에 공공버스를 투입하겠다고 밝혔다.

결과적으로 버스 운영 체계를 개선해 대중교통의 공공성을 강화한다는 전체 방향은 거의 비슷하게 수렴된 상황이다. 적어도 운영 체계만 보면 노동당의 무상교통 공약하고 크게 다르지 않다. 다만 '무엇을 위한 무상교통인가?'와 '어떻게 무상교통을 실현할 것인가?'라는 지점에서 크게 갈린다.

## 무상교통, 이동권과 재정과 환경을 아우르는 사회 정책

무상교통은 출퇴근하는 사람의 교통 편의성을 높여주자는 단순한 서민 지원 정책이 아니다. 물론 효과적인 대중교통 체계를 마련해 민중의 기본적인 이동권을 보장하는 데 핵심적인 의의가 있다. 그렇지만 이런 의의만으로 막대한 재정이 필요한 무상교통의 논리가 제대로 설득되기는 어렵다.

무상교통을 도입하면 생기는 간접적이지만 중요한 효과들을 폭넓게 고려해야 한다. 가장 대표적인 효과가 통행 시간이다. 무상교통이 도입된 해외 사례를 보면 카드든 현금이든 요금 징수 체계가 사라지자 18퍼센트에서 20퍼센트 정도 운행 시간이 줄었다. 우리도 승하차할 때 가장 많은 시간이 쓰인다는 사실을 경험으로 알고 있다.

또한 요금 체계 때문에 생기는 사회적 비용을 생각해보자. 교통카드가 대표적이다. 신용카드 회사가 교통카드 회사에 내는 수수료나 버스와 택시에서 카드를 결제할 때마다 교통카드 회사에 내는 수수료는 아주 많다. 서울시는 카드택시 활성화라는 명목으로 매년 서울시 택시의 카드 수수료를 지원해주고 있기도 하다(수수료 지원에 2013년 기준으로 분기별 20여억 원이 들었다).

노동당이 말하는 무상교통은 단순히 '공짜로 버스를 탄다'는 게 아니다. 그동안 대중교통 요금 체계 때문에 발생한 '사회적 비용을 없애는 것'까지 고려해야 한다. 게다가 버스 이용자가 늘어 자가용 이용자를 흡수하면 도시 교통의 문제점이던 낭비되는 통행 비용도 낮출수 있고, 차량 배기가스에서 나오는 대기오염원도 줄일 수 있다.

## 노동당, 지역 순환형 무상교통을 주장한다

그런데 이런 차이보다 더 중요한 측면이 있다. 김상곤 예비 후보와 원혜영 예비 후보의 대중교통 정책은 기본적으로 광역 교통망을 기본으로 짜여 있다. 이런 접근은 서울을 정점으로 하는 수도권 집중 구조를 강화할 뿐이다. 특히 다른 도시는 광역 경제권으로 집중하는 경향이 매우 높고, 이런 상황은 지역 경제의 황폐화로 어쩔 수 없이 이어진다.

'마을버스, 공동체버스부터 무상교통'이라는 노동당의 무상교통 공약은 단순히 공영-무상 제도를 쉽게 도입할 수 있는 현실적 가능성만 고려한 게 아니다. 광역 경제권을 중심으로 하는 경제 집중도가 매우 높은 수준이고, 이런 현실은 부의 역외 이전 방식으로 나타난다. 여기서 무상버스는 지역 안의 소규모 생산 거점과 소비 거점을 키울 수 있는 전략이다.

또 다른 측면은 준공영제를 포함한 기존 사영제의 구체적인 전환 계획이다. 노동당의 계획이 기타 공영제를 주장하는 정치권하고 다른 점은, 현행 버스 운영 체계를 바꾸는 일이 토착 버스 권력의 개혁을 의미한다는 사실을 명확하게 인식하고 있다는 사실이다. 1960~1970년대 공영버스를 지역 토호 세력들에게 나눠주면서 생겨난 지역의 토착 버스 권력은 별다른 기여도 하지 않은 채 대를 이어 부를 세습하고 노동자를 착취해왔다. 그 과정에서 지역의 행정 권력에 유착해 시민들의 세금으로 조성된 보조금을 착복하기도 했다. 지금까지 사영제를 대체할 다른 방법을 생각해보지 못한 관료들의 한계 때문에 버스 개혁은 언제나 도돌이표였다.

정리하면 이렇다. 노동당은 지속적인 개혁 과제로서 버스 공영제를 요구한다. 먼저 무차별 제공하던 버스 보조금을 다른 보조금 지급 방식처럼 기준을 엄격히 적용해 지급하고, 관리하고, 감독해야 한다. 이런 과정에서 문제가 발생한 업체는 관련 법령에 따라 처리하고 해당 노선을 환수해 공영 노선으로 운행한다.

또한 광역화되고 있는 기존 노선의 한계를 극복하는 공영 노선으로서, 지역의 공공 서비스를 네트워크화하는 무상 노선을 새로 만든다. '재래시장 순환버스', '보건소 순환버스', '도서관 순환버스' 같은 네크워크형 노선 말이다. 여기에 더해 구도심을 오가는 노선 중 일부를 무상으로 운영해 통행량을 늘려 쇠퇴하는 구도심을 활성화하는 방안을 제안한다.

노동당이 제시하는 무상교통은 짧은 기간에 시장이나 도지사가 결단한다고 해서 가능한 방안이 아니다. 또한 기득권하고 갈등하지 않고 도입할 수 있는 것도 아니다. 시작은 늘 그렇게 하는 것이고, 노동당 후보가 그 시작을 이끌어낼 수 있다.

세상은 기울어져 있다. 원래 내리막길 달리기는 과속만 주의하면 쉽다. 반면 경사면을 올라가는 일은 만만치 않다. 사업자에게 유리하게 만들어진 현행 사영제 구조에서 준공영제로 전환하는 것은 경사로를 내려오는 일이다. 제도의 경향성 자체가 그렇게 만들어져 있어 저항이 낮기 때문이다. 그렇지만 사영제의 방향을 거꾸로 돌리려면 그만큼 저항력이 생기고, 경사면을 오르는 일처럼 힘이 든다. 그러나 그렇게 오르면 없던 길이 생기고, 결국에는 그 길이 당연한 상식이 된다.

노동당의 무상교통은 이 세상의 많은 경사면 중 하나를 오르기로 결심했다는 사실을 뜻한다. 옆에 함께 서주시기를 부탁드린다.

**원문 출처**

1부

**1장** 《레디앙》 2014년 3월 27일.
**2장** 《슬로우뉴스》 2014년 3월 19일.
  * 이 글은 노동당 기관지 《미래에서 온 편지》 창간호(2013년 9월호)에 실린 〈무상교통은 가능하다, 정말로〉를 현재의 시점에서 수정하고 내용을 줄인 것이다.
**3장** 《슬로우뉴스》 2014년 3월 31일.
**5장** 노동당서울시당 정책보고서 〈버스 준공영제, 구조화된 비리를 부른다〉, 2013년 5월.
**[자료]** 노동당서울시당 등 〈버스 준공영제 감사 결과 규탄 및 공개질의〉 기자회견 자료, 2013년 10월 1일.


2부

**1장** 9호선 공공성 강화를 위한 노동자시민모임, 〈지하철 9호선, 제2의 공항철도가 될 것인가?〉, 2009년 7월 23일
**2장** 참여연대, 〈지하철 9호선 토론회〉, 2012년 4월 26일.
**3장** 《작은책》 2012년 6월호.
**6장** 〈서울시의 도시철도기본계획 수정계획(안)에 대한 의견서〉, 2013년 10월.
**[자료 1]** 진보신당서울시당, 〈지하철 9호선공공인수 시민서명 전달 및 의견서 제출 기자회견〉, 2012년 4월 30일.